Web3と自律分散型社会が描く銀行の未来

NTTデータ 金融イノベーション本部
ビジネスデザイン室

山本英生・土田真子・相川あずさ ［編著］

一般社団法人 金融財政事情研究会

はじめに

　「デジタル」という言葉がビジネスで語られるようになったのはいつからでしょうか。金融業界だと「Fintech」という言葉が登場した2010年代半ばが1つのターニングポイントになるかもしれません。「銀行がなくなる日」「2025年の崖」といった言葉もささやかれるなか、金融×デジタルという切り口で何ができるか。私たちはこれまでさまざまな金融機関の方々と対話を続けてきました。

　こうした営みを通じてあらためて気づいたことは、テクノロジードリブンで金融ビジネスを革新することのむずかしさです。金融機関はデータセンターを自前でもつなど、他業界に比べてもテクノロジーへのリテラシーが高い業界として位置づけられますが、その一方で新規テクノロジーの活用に及び腰、あるいは関心がないというケースも少なくありません。とはいえすぐにバズワードに飛びつけばうまくいくかというとそうではなく、いろいろとやってみたものの、「では金融は変わったのか」という問いにいますぐ答えられる人は、実は世界中をみてもあまり多くないのではないでしょうか。

　また、もう1つ感じているのが、特に若い世代を中心とした金融業界への期待値の低さです。金融機能は、それがなければ社会が回らない重要なインフラです。私たちはお金がなければ生活を営むことができません。一方で、さしたるイノベーションが起こっていない、どこも一緒の業界とみなされているのも事実です。昔は優秀な若者は銀行員や公務員を目指したともいわれていましたが、昨今のイメージ調査などをみると、その志望度は他業界と比べて高くありません。

　こうした移ろいを目にし、経験してきた私たちだからこそ、金融は実は面白く、さまざまな発展の可能性があることを知ってほし

い、という思いでこの本は書かれています。全国銀行協会は「銀行は「人」「企業」「国・自治体」などにお金という血液を送り込む心臓のような存在といえます」と銀行の役割を定義していますが、これらをつなぐ役割をもつ銀行がこれからのデジタル時代に果たすべき役割は決して少なくありません。

　この本は、Web3を主軸として書かれています。Web3は2021年頃からよく聞かれるようになったキーワードです。同時にバズワードになったメタバースは、Facebookが社名をMetaに変えたことでも注目を集めました。Fintech、DXなど、ここ数年は言葉の入れ替わるサイクルが非常に速いため、本書が出版される2023年には、Web3もメタバースもおそらくだいぶ聞き慣れた、聞き飽きた言葉になっているかもしれません。

　数多くの解説本も出版されているなかで、なぜいまこのテーマを取り上げるのか、という声が聞こえてきそうですが、それは、バズワード的に消費された後、いよいよ本質は何なのか、実際にビジネスに適用できるのはどこなのか、という地に足の着いた議論に転換していくことが予想されるためです。バズワードとしてもてはやされた時期が一段落したいまだからこそ、あらためてその可能性を、現実的な地平で探索してみたいと考えました。礼賛でもなく悲観でもない、長らく金融業界とともに伴走し、金融×デジタルの領域で挑戦を続けてきた私たちだからこそ語ることができるWeb3と金融の未来を本書で描ければと思います。

　この本は大きく4章に分かれています。CHAPTER 1では、最初に銀行を取り巻く外部環境やテクノロジーの歴史を整理した後、いったん金融から視点を移し、リアルとデジタルが織りなす新しい世界をSociety5.0からの観点でとらえ直しています。そのうえで、金融にとって重要なテーマである「お金」がデジタル化した世界で

の銀行の役割を考えます。CHAPTER 2 では、本書のテーマである Web3とは何か、を解説します。注目される背景やメタバースとの関係性、期待と社会への影響、課題をみていきます。CHAPTER 3 では、Web3を取り巻くさまざまなテクノロジーについての概要、トレンドや課題を解説します。最後、CHAPTER 4 ではWeb3の先にある銀行の未来を考察しています。現在ブームであるWeb3はどこへ向かうのか、私たちはそのカギをDAOのような「自律分散型社会」にみています。こうした世界で銀行にはどのようなビジネスが社会から求められ、どのような人材が必要となるのかを考えます。まず、Web3やテクノロジーの基本から理解したい、という方はCHAPTER 2 、CHAPTER 3 から読んでみてください。基礎はすでに理解している方はCHAPTER 1 、CHAPTER 4 のデジタル化したお金やWeb3に係る銀行の未来について読み進めていただければと思います。

　公知のとおり、銀行業界は非常に厳しい経営環境の真っただなかにあります。デジタル化、店舗削減など、業務を取り巻く環境も大きく変化するなかで、自分たちの未来がどこへ向かっていくのか、不安に感じている銀行員の方も多いのではないでしょうか。そういった方々に、銀行業界の行く末を考える一助としても役立てていただければ幸いです。

2023年5月

　　　　　　　　　　　　　　　　　　　　　山本　英生

CONTENTS

CHAPTER **2** 　Web3とは何か

CHAPTER 3 テクノロジーとWeb3とのかかわり

CHAPTER **4** Web3の先にある銀行の未来

CHAPTER 1

新時代の貨幣と
銀行の役割

本CHAPTERではWeb3・メタバースの本論に入る前に、銀行と切っても切り離せない「お金」の未来にも目を向けながら、銀行を取り巻く社会の姿をとらえていく。始めに銀行が現在置かれている状況をあらためて確認してみたい。

近年の日本経済は「失われた30年」とも表現されるように、長らく停滞を続けている。2022年には急速に進展する円安・物価高局面のなかで国際社会における日本の存在感が低下しつつあることにも注目が集まった。身近な話題として、日本で働く人の給料があがらないというニュースがメディアなどでも頻繁に取り上げられ、記憶に残っている方も多いのではないだろうか。全国労働組合総連合の資料によれば、過去20年ほどの期間で実質賃金指数の推移をみると、唯一日本のみが他の先進国と比較して逓減傾向にあるという[1]。近頃では「衰退途上国」という言葉もソーシャルメディアなどで話題を呼んだ。

こうしたなかで銀行経営を取り巻く環境も激変している。すでに多くの専門家が警鐘を鳴らしているとおり、銀行経営が苦境に立たされていることは読者の方々も知るところであろう。

■ 預貸ビジネスの終焉　量から質への本格転換

銀行経営の失速にはさまざまな背景があるが、最も大きな要素の1つは、従前銀行ビジネスの柱を担ってきた預金と貸出の事業にお

1　全国労働組合総連合「実質賃金指数の推移の国際比較」

ける環境変化だ。戦後、わが国の銀行は戦後復興と高度成長を実現するための社会への資金配分を使命とし、旺盛な資金需要を背景に経済発展をけん引する重要な役割を担ってきた。1970年代に入ると、日本経済が安定成長とバブル経済に向かう過程で資金の出し手としての銀行の役割はいっそう進展することとなる。この頃はまさに預かって貸せば儲かる時代であり、預金と貸出を中心としたビジネスだけで銀行経営を成り立たせることが十分可能であった。その後、1990年代に入ると日本はバブル経済の崩壊と経済成長の低迷のなかで、資金の借り手である民間企業部門における資金需要は大きな転換期を迎えることとなる。それまで全体として資金不足にあった民間企業部門は1990年代後半を境にして資金余剰に転じ、この傾向は現在に至るまで常態化している。実際に中小企業庁の白書によれば、1980年代に約15％であった中小企業における無借金企業の割合は2017年には約34％へと倍増していることがわかる[2]。翻って、資金の出し手である預金者にとっても銀行への期待値は経済成長の時代とは同じではない。変化をとらえるうえで最もわかりやすい指標の1つは預金金利ではないか。かつては10〜20年預ければ資産が倍になるともいわれるような水準にあった預金金利は低下を続け、近年では預入期間が長期にわたる定期預金でも小数点以下が当たり前である。利得面での銀行預金の魅力は大きく減退し、いまや資産運用を主目的として取引する預金者は決して多くないだろう。

　日本経済が低成長の時代を迎えるなかで、企業数も減少の一途をたどる。中小企業庁の統計によれば、1999年に約485万社あった企業数は2016年には約359万社と、およそ17年で約126万社が減った（図表1−1参照）。資金の借り手も減り、出し手もお金を預ける意

2　中小企業庁「2019年版中小企業白書」145頁

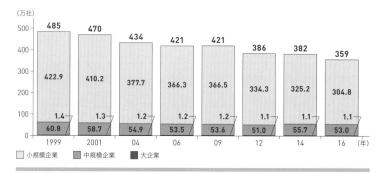

図表1－1　企業規模別企業数の推移

出所：中小企業庁「2020年版中小企業白書」Ⅰ－110頁

欲に乏しいとなればビジネス規模の縮小は避けられない。預金と貸出のみで成長し続けられる時代は終焉を迎えているといえよう。もちろん、預金には安全に資産を守ってくれるといった利息以外の価値も見出しうる。銀行の商品・サービスにおいてはそうした「質」の部分での価値の発揮がますます重要になっているのだ。

　加えて注目しておきたいのは、近年世界的なトレンドとなっている「サステナブル」「グリーン」「SDGs」といった社会との共生をめぐるキーワードだ。金融領域においても、地球環境の持続性に配慮した企業活動や社会問題に応える商品開発への要請は急速に高まっている。石炭産業への新規融資の停止や既存融資の削減を発表する金融機関も増えており、国内外でトレンドをくんだ動きが活発化している。これは投資家をはじめとするステークホルダーの関心が、事業規模や収益性のみならず事業の及ぼす社会的インパクトにも向けられるようになっている証左であろう。こうしたトレンドからも、銀行にはいよいよ本格的に量から質へとビジネスを転換させなければ、生き残ることさえむずかしくなるような時代が到来しているといえる。

一方で、日本ではいまなお右肩上がりの経済成長を前提にしたビジネスモデルから脱することができていない銀行も決して少なくない。近年、銀行の基礎的な収益力を示すとされるコア業務純益が業界全体として減少傾向をたどっていることは多くの方の知るところであろう。当然ながら銀行自身も状況を理解して、各所でさまざまな試行錯誤を続けている。だが、いまだベストプラクティスを導き出せていない状況にあるのが実態ではないだろうか。

■ 敵も味方も銀行にあらず——競争そして共創の時代へ

こうした市場の変化に加えて、銀行を取り巻く競争環境も大きく変容している。2000年前後に推し進められた金融制度改革、いわゆる金融ビッグバンを1つの契機として銀行業界に対する法規制は自由化へと大きく転換し、現在に至るまで度重なる法改正が行われてきた。近年の金融制度改革の歴史を振り返ってみると、2000年頃、2010年頃、2020年頃とおおよそ10年単位で大きな変化が促されたように思われる。2000年代は新しい銀行の参入、2010年代は銀行以外の事業者による銀行業務への参入、2020年代は銀行と銀行以外の事業者による共創である。

2000年代には異業種企業による新たな銀行の設立が相次いだ。金融制度改革による規制緩和の流れに加え、一般家庭へのインターネットの普及もその動きを後押ししたとされる。イーバンク銀行（現在の楽天銀行）、住信SBIネット銀行などのデジタルチャネルに特化したインターネット専業銀行や、アイワイバンク銀行（現在のセブン銀行）、イオン銀行などの小売業と融合した銀行などがその代表例だ。こうした新たな銀行は、従来の銀行にはみられないユニークな事業形態から「新たな形態の銀行」などとも呼ばれている。その後、2010年に施行された資金決済に関する法律（資金決済法）に

より銀行以外の事業者にも為替業務の取扱いが認められ、資金移動業者と呼ばれる事業者が市場に参入することとなる。資金移動業を営むためには登録が義務づけられているが、その登録数は2022年12月末現在で83社と毎年増加を続けている。

こうした新規参入者の成否について、当初は意見も分かれていた。2000年以前から事業を営む、いわば「伝統的な銀行」はそれまで長きにわたって利用者との間で安心と信頼を築き上げてきた。お金にかかわる大切な取引をするうえでは大きなアドバンテージだ。そうした強みもあり、初めから新規参入者を脅威として意識していた伝統的な銀行は必ずしも多くはなかったであろう。

実際のところ、新たに登場した銀行や資金移動業者は、参入当初はITリテラシーが高く流行に敏感な一部の層が好むユニークな存在としてポジションを確立してきたことも事実である。しかしながら、現在ではそうした新規参入組はマス層にも取引を拡大し、伝統的な銀行をしのぐほどに力をつけてきている。

銀行ごとに事業領域や戦略が異なることから単純比較はむずかしいものの、わかりやすい指標として預金量を例にとってみるとどうか。全国銀行の預金量のうち、開業から10年以上が経過する新たな形態の銀行8行の預金量のシェアは、この10年で約1.4%（2012年3月末時点）から約3.4%（2022年3月末時点）に伸長している（図表1－2）。突出する預金量を抱えるメガバンクが母数に含まれることから業界全体でとらえると数値が小さく感じられるが、銀行単位でみるとその成長ぶりは鮮明だ。たとえばインターネット専業銀行のなかで預金量トップ（2022年3月末時点）を走る楽天銀行の預金量は2022年3月末時点で7兆7,653億円となっている。地方銀行全体のなかで預金量第10位クラスの銀行がおよそ8兆円前後であることを考えると、2001年の開業（当時：イーバンク銀行）から二十

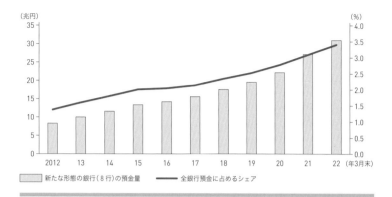

図表1-2 新たな形態の銀行の預金量シェア

注：全銀行預金の総和は一般社団法人全国銀行協会が「全国銀行預金・貸出金等速報」にて定める全国銀行（都市銀行5行［みずほ・三菱UFJ・三井住友・りそな・埼玉りそな］、地方銀行62行、地方銀行Ⅱ［第二地方銀行協会加盟の地方銀行］37行、信託銀行4行［三菱UFJ信託・みずほ信託・三井住友信託・野村信託］、新生銀行、あおぞら銀行の110行）に、開業から10年以上が経過する新たな形態の銀行8行（PayPay銀行、セブン銀行、ソニー銀行、楽天銀行、住信SBIネット銀行、auじぶん銀行、イオン銀行、大和ネクスト銀行）を加えたもの。
出所：一般社団法人全国銀行協会「全国銀行預金・貸出金等速報」および各社決算資料を参考にNTTデータが作成

No	銀行名	預金残高	No	銀行名	預金残高
1	横浜銀行	17兆3,184億円	11	八十二銀行	8兆0,666億円
2	千葉銀行	14兆7,876億円	12	群馬銀行	7兆9,704億円
3	福岡銀行	13兆0,398億円	13	中国銀行	7兆6,616億円
4	静岡銀行	11兆4,165億円	14	北陸銀行	7兆4,622億円
5	常陽銀行	10兆0,539億円	15	関西みらい銀行	7兆4,056億円
6	西日本シティ銀行	9兆3,349億円	16	足利銀行	6兆8,033億円
7	広島銀行	8兆7,511億円	17	十六銀行	6兆2,447億円
8	七十七銀行	8兆6,205億円	18	伊予銀行	6兆0,418億円
9	京都銀行	8兆3,197億円	19	東邦銀行	5兆7,489億円
10	第四北越銀行	8兆2,293億円	20	北海道銀行	5兆6,964億円

図表1-3 地方銀行の預金残高（2021年度・決算期）

出所：一般社団法人全国銀行協会「全国銀行預金・貸出金等速報」を参考にNTTデータが作成

年あまりでその何倍もの業歴をもつ地銀のトップ10に並ぶ水準まで成長してきたことがわかる（図表1-3）。

　貸出に関しても同様だ。たとえば住宅ローン事業でみてみると、新たな形態の銀行のなかで貸出残高が最も多い住信SBIネット銀行の住宅ローン残高は2022年3月時点で4兆4,167億円となっている。近年、融資残高が減少ないしは横ばい傾向にあるメガバンクとは対照的に拡大を続けており、銀行全体の住宅ローン残高に占めるシェアは10年前の約0.79％から約3.2％へと伸長している。メガバンクの一角であるみずほ銀行のシェアが約5.7％であることからも、銀行業界全体でもすでにトップクラスの残高に到達しつつある状況がうかがえる（図表1-4）。もちろん、環境変化のなかで住宅ローン事業を戦略的に縮小している銀行もあることから、この数字だけで勝ち負けを評価することはナンセンスだ。ただ、銀行業務の主要マーケットでプレーヤーの変化が生じていることは1つの事実である。伝統的な銀行にとってはこれまで主戦場としてきた事業領域に

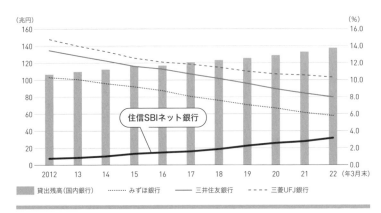

図表1-4　新たな形態の銀行の住宅ローン残高シェア

出所：住宅金融支援機構「業態別の住宅ローン新規貸出額及び貸出残高の推移」および各社決算資料よりNTTデータが作成

おいてさえ、厳しい競争に直面する状況となっているといえよう。

　銀行以外の新規参入者はどうだろうか。2010年代に登場した、銀行免許を取得せずに為替業務を営む資金移動業者は右肩上がりで取扱金額・件数を伸ばしている。日本資金決済業協会の統計によれば、資金移動業者の年間取扱金額は2012年に約1,886億円であったものが2020年には約4兆2,545億円にふくらんでいる（図表1−5）。他方の銀行業界は全国銀行協会が公表している統計によると、振込みだけみても年間で約2,850兆円の取扱金額（2020年中）を記録しており、規模ではまだ圧倒的な差があることは確かだ。ただ、資金移動業者の伸び率には目を見張るものがあり、全国銀行協会のアンケートでは「銀行以外の個人間送金サービスを利用したい」という意向のある一般生活者が全体の約13％に及んでいる[3]ことも加味すると、その伸びしろは大きいことがうかがえる。銀行は銀行業界の外にも目を向けていかなければならない状況に置かれているの

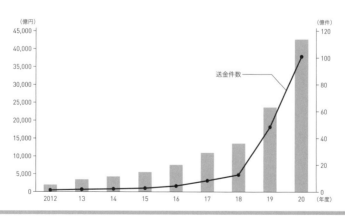

図表1−5　資金移動業者の取扱高推移
出所：一般社団法人日本資金決済業協会「資金移動業の実績推移」よりNTTデータが作成

である。

こうした規制緩和の流れは一見銀行にとって逆風にも思われるが、むしろ新たな機会ともとらえることができる。2018年には銀行法等の一部を改正する法律が施行され、銀行業界にオープンAPI（Application Programming Interface）[4]態勢の整備が求められることとなった。これにより銀行以外の事業者が、銀行の提供する機能やサービスを自社のサービスと容易に連携あるいは組み込んで利用できるようになった。

オープンAPI態勢の整備を契機に2020年前後からはさまざまな業界・業種が入り乱れて金融のサービスを切磋琢磨する時代に突入している。新規参入銀行のみならず、都市銀行や地方銀行などの伝統的な銀行からもチャレンジングな動きが出始めている。軸となっているのはBaaS[5]、Embedded Finance[6]、ネオバンク[7]といった、銀行と異業種企業との共創を表すキーワードだ。こうしたトレンドについて、銀行APIを積極的に展開するGMOあおぞらネット銀行で執行役員を務める小野沢宏晋氏は「銀行はどんどん裏方、黒子化し

3　全国銀行協会「よりよい銀行づくりのためのアンケート（報告書）」（2021年12月）

4　オープンAPI：APIとはアプリケーション・プログラミング・インタフェースの略で、あるシステムが保有する機能やデータを他のシステムから利用できるようにするための接続方式のことを指す。これを外部の企業等に公開することをオープンAPIという。

5　BaaS：「Banking as a Service」の頭文字をとった言葉で、これまで銀行が提供してきた機能や金融サービスが、APIを介しクラウドサービスとして提供されること。銀行以外の事業者は、自社のアプリやサービスに金融機能を組み込んで利用者に提供することができる。

6　Embedded Finance：組み込み型金融や埋め込み型金融などとも呼ばれ、金融サービスをパーツ化して、他のサービスなどに自由自在に組み込むかたちで利用者に提供すること。さまざまな業種の企業が、オンラインで金融サービスを実装することが可能になる。

7　ネオバンク：厳密な定義はないが、自ら銀行免許を取得せず、既存の銀行から機能提供を受けて銀行サービスを提供する事業者を指して用いられることが多い。

ていく」と語る[8]。従来の銀行というかたちにこだわらず、非金融の事業者と手を取り合ってより利用者の生活に寄り添ったサービスをつくっていくことが、銀行が生き残るカギになってきているということである。まさに競争から共創の時代への変化だといえる。こうした異業種連携における戦略は多種多様だが、すでに多くの銀行、異業種企業が取組みを進めている。

▌多様化する社会、"わがまま"になる利用者

ここまでは銀行側の視点を中心に述べてきたが、利用者における銀行との付き合い方に目を転じてみるとどうだろうか。人々の価値観や行動様式は時代とともに変化し、銀行との関係性にも大きく影響を与えているように思う。特に2000年以降はインターネットやスマートフォンの普及など、テクノロジーの進化が人々の生活にもたらした変化も著しい。ここではいくつかの観点でとらえてみたい。

銀行と利用者とのパワーバランスの変化

一昔前まで、お金に関する取引イコール銀行という発想はごく自然なものであった。預金や各種ローンから、現金の入出金や振込み、通帳記帳といった日常的な取引まで、お金にまつわる取引のほとんどは銀行窓口を介して提供されていた。人々は、平日15時までの店舗営業、複雑な申込書、長い待ち時間、いわば銀行都合ともいえる制約事項も当然のものとして受け入れてサービスを利用してきたのではないだろうか。もし不都合があっても、銀行以外に選択肢はなかったからだ。

8　NTTデータのオウンドメディア「オクトノット」に掲載した対談「パラダイムシフトする金融 挑戦者たちが描くEmbedded Financeの未来」より。https://8knot.nttdata.com/challengers/0812239

しかし、現在銀行窓口に利用者として日常的に足を運んでいる方はどれほどいるだろうか。資産運用や住宅ローンの相談、相続手続など、大きなライフイベントが生じた際に訪れることはあっても、毎週のように銀行店舗に足を運ぶ方はおそらく少数派ではないかと思う。現金はコンビニATMなどの銀行店舗外の拠点でも入出金できるようになっているし、クレジット／デビットカード、スマホ決済のようなキャッシュレスサービスの急速な普及により、そもそも現金をあまり持ち歩かない人も増えている。先述したような銀行以外の事業者が提供する送金サービスなど、銀行が従来手掛けてきた業務の代替サービスが増えたことも大きいだろう。

　近年では利用者にとって「お金イコール銀行」という結びつきが薄れ、銀行で金融取引を行う必然性がなくなってきている。多様な選択肢のなかから、利用者自らが取引相手を自由に選べるのである。逆にいうと銀行にとっては、利用者に選んでもらわなくてはいけない状態だといえる。かつては新入社員として企業に入社したら、給与受取りのためにまず銀行口座をつくる、という感覚が当たり前であった世代も多いだろう。だが、2023年4月には「給与デジタル払い」などと呼ばれる新たな給与支払の方法を認める省令が施行された。これにより、給与をスマホ決済のような資金移動業者のサービスでデジタルマネーとして受け取ることが可能になる。利用者がお金の入りから出まで銀行と接点をもたなくなることも想定され、利用者と銀行とのパワーバランスの変化はますます加速することが予測される。

利用者における個別最適への要求

　すでに各所でいわれているとおり、現代を生きる人々の生活様式や価値観は多様化している。家族形態もさまざまであるし、生活に

求めるものも多種多様だ。働き方についても一昔前に比べれば転職はかなり一般化したし、ここ数年は新型コロナウイルスの流行も背景にテレワークが急速に普及した。私たちが所属するNTTグループをはじめ、場所に縛られない働き方を制度として取り入れる企業も増えてきている。

　近年では、パーソナライズドマーケティングと呼ばれる概念も登場してきたように、企業も多様化するライフスタイルに応えるために努力している。金融業界で例をあげると、生命保険業界では従来性別や年齢に応じて画一的に保険料を設定していたが、最近は生活習慣や健康増進への行動といった個人の特性を保険料の算出に取り入れるような試みも行われている。またライフネット生命のように保険の受取人に同性パートナーを設定できるようにするなど、家族のあり方の多様化に対応する商品開発に取り組む企業も増えている。

　他方、多様化には自己責任の範囲を広げる側面もある。銀行に関係の深い「お金」に関してはどうか。たとえば、働き方の多様化を後押しする確定拠出年金には、資産形成の自由度を広げると同時に自助努力を強く促す面もある。生活様式や価値観が多様化するなかでお金に関する自助努力・自己責任の範囲が増大すれば、当然に人々は自分の生き方・考え方により適合した商品を求めるようになるだろう。銀行の商品・サービスにおいても、これまでのような横並びのラインナップと価格競争を中心とした規模のビジネスでは応えきれない領域がいっそう増えてくるものと考えられる。

本質価値を重視する利用者の増加

　「グリーン」や「サステナブル」といったキーワードの露出が増えていることに触れたが、こうしたトレンドは企業レベルのみなら

ず、個人の考え方にも及んでいる。MUFG資産形成研究所が実施したアンケート調査によると、サステナビリティと商品価格の優先度に関して、消費行動において「価格が高くても」または「価格差がわずかであれば」環境・社会等のためになる商品を選択すると回答している人の割合は全世代で4割以上に及んでいる[9]。

　お金は本来的に無色透明の色のない存在である。銀行が差配する預金と貸出の資金循環のなかにおいても、利用者が自分の預けたお金がどこでどのように使われているのかまで意識することはほとんどなかったであろう。しかしながら、今後はそうしたお金に対しても「だれの、どんな事業に投資しているのか」への関心がますます高まっていくことが予想される。

　こうした資金使途への関心は環境問題にとどまらない。クラウドファンディングのような直接的な投資手法が普及してきた影響もあって、自分が応援したい企業や人、商品に自らの意思で資金を投じてリターンを得るという動きも増えている。また、直接的な投資以外でも投資先がみえることに重きを置いた運用商品の開発が進んでいる。持続的で豊かな社会の醸成に貢献する会社への投資を哲学に掲げ、投資先の企業訪問などを通じて投資家と企業を結ぶ場を提供している鎌倉投信のような直販投信もその一例だろう。

　このような商品も銀行商品の代替品として利用者の支持を拡大している。低金利環境も相まって、いままでのように預けて増えるというシンプルな設計だけでは利用者を満足させられない時代になりつつある。銀行の商品・サービスにおいても、利用者の心を打つコンセプトメイキングが非常に大切になってくるのではないか。

　ここまで個人利用者を中心に記述したが、銀行との付き合い方に

9　MUFG資産形成研究所「若年層のサステナビリティに関する意識と消費行動について」（2022年3月）

おける変化は法人企業にも同様に当てはまる。本質重視という点では環境配慮型の経営が要請されていることはすでに多くの方が知るところであるし、取引志向に目を向ければ自社の状況によりフィットした提案をしてほしいというニーズも高まっている。金融庁が地域金融機関等をメインバンクとする中堅・中小規模企業を対象に実施したアンケート調査では、金融機関から受けたいサービスとして「取引先・販売先の紹介」や「各種支援制度の紹介や申請の支援」「経営人材の紹介」「業務効率化（IT化・デジタル化）に関する支援」などが上位にあがっている[10]。直接的な資金ニーズだけでなく、これまで以上に寄り添った関係性のなかで自社を支援してほしいと考えていることがうかがえる。金融当局もこうした多様なニーズに応えていくことが金融機関の経営基盤の安定と地域経済の持続可能性の確保に有効であると受け止めているようだ。たとえば、金融庁では金融機関職員向けの事業者支援ノウハウ共有サイトの構築をはじめ、さまざまな施策を通じて地域の金融仲介機能の高度化に向けた働きかけを行っている。

　こうした企業の声に対して伝統的な銀行も無関心ではいられない。法人は創業時から築いてきたメインバンクとの関係が強く、取引銀行を変更することは容易ではないといわれてきた。特に業歴の長い企業ほどその傾向は顕著だ。だが、2000年以降、伝統的な銀行に代替する法人分野への新規参入者が続々と現れている。当初は前述した関係性から、法人ビジネスの開拓はむずかしいのではないかという見方も少なくなかった。だが、法人取引における新規参入者の存在感は着実に増している。実際、2021年に全国銀行協会が実施したアンケートでは、約20％の事業者（企業経営者・自営／自由業

10　金融庁「企業アンケート調査の結果」（2022年6月30日）

者）が「事業に関連して取引している金融機関」にインターネット専業銀行と回答している[11]。

　当初、新規参入者は安価な手数料を武器に送金などの単発取引を増やしてきたが、最近では入出金や取引状況に応じたトランザクションレンディング[12]やAIを活用したスコアリングなどの新しい手法を取り入れて、融資事業などの複合的な取引の拡大を図っている。昨今では企業経営者の世代交代や経営環境の変化のなかで、昔からの付き合いにこだわらない企業も増えている。自分たちのビジネスによりフィットする提案、サービスを提供してくれる取引相手を選択するのは合理的であろう。このように、個人・法人を問わず、利用者はある意味でどんどん"わがまま"になっている。自分に最も都合がよくいちばん価値があるものを提供してくれる相手と取引したいと考え、実際にそのように行動するように変わってきているのだ。これは銀行にとって無視できない変化の１つであろう。

▍銀行は変われないのか

　ここまでみてきたように、銀行は現在の厳しい市場・競争環境のなかで生き残るために革新的に変わる必要がある。多様なニーズに寄り添ったサービスを生み出し、新しいビジネスモデルを構築していかなければもはや生き残ることも危ういのではないだろうか。こうしたイノベーションの必然性は各所でいわれているところであるが、一方でその一歩を踏み出せていない銀行が少なくないこともまた事実である。

11　全国銀行協会「よりよい銀行づくりのためのアンケート（報告書）」（2021年12月）
12　トランザクションレンディング：企業の財務情報のみに依存せず、日々の入出金や購買履歴、顧客評価などのデータも活用して、信用力や貸出条件の判定を行う融資の手法。

かつて銀行業界は、法規制等によって過度な競争を抑止するいわゆる「護送船団方式」によって守られ、ある意味では縛られてきた。それゆえ、自ら変化することに不慣れでイノベーションが起こりにくい業界だといわれることも多い。だが、果たしてそうだろうか。歴史を振り返ってみると、銀行は時代ごとに統廃合などの変容を繰り返しながらも人々や社会の要請にあわせてその役割を変えてきた。

　そうした変化を支えてきたものがテクノロジーだ。特に1990年代のIT革命以降はテクノロジーの進展がダイナミックな変革を促すための大きな要素となっている。異業種も含むあらゆる企業が混然一体となって金融領域で最新技術を駆使して社会のニーズに応えようとするなか、銀行も新たなテクノロジーとは無縁ではいられないだろう。大量生産・大量消費社会からの転換が求められるようになって久しい。細分化、多様化する社会のニーズに対して、技術的にもその転換を支える仕組みが整ってきたのがまさにいまなのではないか。次節ではそうしたテクノロジーと銀行との関係に焦点を当てて考察していく。

SECTION 2 | 金融×テクノロジーの歴史

▌はじめに

　このSECTIONでは、これまで述べたような社会環境の変化に応えるかたちで登場、あるいはリードするかたちで社会環境の変化を促してきたテクノロジーについて触れていきたい。

2007年、Appleが初めて「iPhone」を発表し、その翌年には世界各国で販売された。それ以降、スマートフォンは全世界で急速に普及が進んだ。従来の携帯電話とは性能や機能面で大きく異なるスマートフォンは、時間や場所を問わず必要な情報に瞬時にアクセスすることを可能とした。さらに、スマートフォンは、SNSの普及を後押しし、コミュニケーションのあり方を大きく変え、人々の行動様式に変化をもたらした。いまではスマートフォンは、日常生活でなくてはならない生活必需品となっている人も多いだろう。このスマートフォンの例のように、テクノロジーの進化は、現代社会に次々と大きな影響をもたらしてきた。

　テクノロジーは、例にもれず金融業界にもさまざまな影響を与えてきた。特に、2010年代半ばから金融（Finance）と技術（Technology）を組み合わせた造語であるFintechが注目を浴びるようになる。Fintechは、従来の金融サービスと情報処理技術を組み合わせた領域を指す。これまでの金融機関が提供するサービスとは大きく異なり、その目新しさから金融領域にディスラプション（分断や混乱）をもたらすといわれてきた。身近な例では、ネットやスマートフォンでお金のやりとりができるPayPal（ペイパル）やお財布代わりに使えるPayPay（ペイペイ）などの決済・送金サービスがある。また、ネットを通じて寄付や投資を募るクラウドファンディングもその一例である。さらには、ビッグデータ、AI、ブロックチェーン、量子コンピュータ、VRなどの新たなテクノロジーと金融を結びつけ、これまでになかったサービスを生み出すこととなる。現在、これらのサービスは人々の暮らしにも広まり始めている。

　2020年頃にはFintechにかわり、DX（デジタルトランスフォーメーション）がバズワードとなった。デジタル庁の創設や、コロナ禍の外出自粛などに後押しされるかたちで、国民生活や経済活動維持の

目的からDXへの取組みが急速に加速した。それまでは、漠然と何か新しいものという理由で注目されてきたFintechから、より本質的に金融×テクノロジーで何ができるのかがあらためて見直されるようになった。DXとは、簡略的にいうと、デジタル技術を活用して、ライフスタイルやビジネススタイルをよりよいものに変えることであり、現在あらゆる業界、産業において積極的にDXが推進されている。これまでに蓄積した膨大な量のデータや新しい技術を活用して、変革に乗り出す企業が増えているなか、金融業界にも同様にDXの波が押し寄せている。

　次項では、銀行システムの変遷についてテクノロジーの視点からさらに詳しく述べていく。

■ 銀行システムの変遷──常にITの進歩とともに成長してきた

　銀行とテクノロジーの歴史は長く、1960年代の第1次オンラインの時代までさかのぼる。この時代は、勘定系システムが構築され、本店と支店を専用の電話回線でつなぐことで、リアルタイムのオンライン通信が可能となった。当時は普通預金や内国為替といった勘定科目ごとに構築された単科目のオンラインシステムであった。さらにこの時代、いまとなっては当たり前となっている現金自動支払機（キャッシュディスペンサー）が登場し、現金の引出しが店舗に設置された機械でできるようになった。また、自動引落しサービス、振込みサービスの提供もこの頃に開始された。

　1970〜1980年代の第2次オンラインの時代にかけては、銀行が自発的にテクノロジー分野へ装置産業化した時期と考えられる。勘定科目ごとに構築されたオンラインシステムから、勘定を扱うプログラムを同時に連携処理する総合オンラインシステムが構築された。

このとき、他行や金融機関同士をオンラインでつなぐことや、企業と銀行をオンラインでつなぐファームバンキングも開発された。企業は、銀行に足を運ぶことなく振替え、振込みができるようになり、給与振込みサービスも開始された。また、全国銀行データ通信システム（全銀システム）もこの頃に誕生し、後に金融インフラとして日本の経済を支えることになった。

それ以降は、第3次オンライン、ポスト3次オンラインの時代と続いている。これまでは、メインフレームといわれる汎用機がオンラインシステムを支えていたのに対し、より安価なオープン系技術が普及した。それとともに、情報系のシステム化が進み、事務処理を本部などに集約することで事務作業が効率化され、営業管理の強化、収益管理の強化などが実現する。さらに、対外接続系、国際系、資金・証券系といった複数のサブシステムが構築され、オンラインシステムはさらに拡大していった。しかし、早期に第3次オンラインシステムを稼働させた金融機関の多くでは、現在の金融自由化の急速な進展を十分に予測しきれなかったことや、システム開発が従来と同様のアーキテクチャに基づくシステム拡充といった側面が強いものであった。そのため、システムの陳腐化や複雑化、システムの拡張性や柔軟性の低下、維持・運用コストの増大など多くの課題を抱えていた。その課題に対して、より柔軟性のあるハブアンドスポーク型のアーキテクチャを採用することで、よりメンテナンスのしやすいシステムが構築されている。また、金融に関するサービス面では、2000年代には、債権の電子化により紙の券面がなくなり、電子マネーも普及した。2010年代には、端末とヒューマンインタフェースの技術革新を受けて、ビッグデータの活用とともに、顧客対応チャネルの革新が期待されるようになった。

このように、金融はその時代に開発されたテクノロジーを確実に

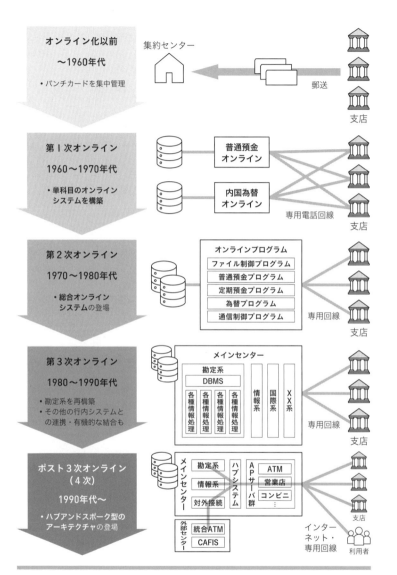

図表1－6　銀行システムの変遷

出所：金融情報システムセンター「令和2年版金融情報システム白書」［図表1］銀行のコンピュータシステムのあゆみをもとにNTTデータ作成

活用する傾向があり、常にITの進歩とともに成長してきたといえる。

▌Fintechの登場と熱狂でみえてきた金融×テクノロジーの課題

このような銀行のオンライン化の流れに加え、Fintech（Finance×Technology）というワードが注目を集めるようになったのが、2010年代半ば頃といわれている。Fintechを広義の意味でとらえると、1950年代のクレジットカードや1960年代のATMの登場もその1つと考えられるが、現在はベンチャー企業を中心としたプレーヤーが新興技術を活用して金融ビジネスを変えていくことを指すケースがほとんどである。

こうしたFintechブームにより、金融機関の新規テクノロジーへの関心は一挙に高まることとなる。注目を集めたキーワードとして、「ビッグデータ」「AI」「ブロックチェーン」「量子コンピュータ」「VR」の5つがあげられる。2010年代後半当時は、これらのテクノロジーによる金融領域へのディスラプションが起こることに現実味が増した。そして、そのテクノロジーに大きな懸念や期待が高まった時代であった。しかし、このような「テクノロジーを使ったサービスを提供したい」や「テクノロジーを使って業務を効率化したい」などといったテクノロジーを主語としてのアプローチが有効に機能したとは言い切れない。また、このような新しい技術がきっかけとなり、従来とは異なる新たな金融サービスが生まれる「テクノロジードリブン」での事業の戦略を検討することは、必要と考えられたが、戦略や運用、意義といったさまざまな壁に阻まれて、道半ばで終わっているケースも決して少なくないのが現状である。

■ DXブームの到来──経営目線でのアプローチが不可欠

2020年になると、菅首相（当時）が看板政策として掲げたデジタル庁の発足をきっかけとして、DXというキーワードがニュースなどでも広く聞かれるようになった。しかし、金融業界でこのワードが注目を集めたのはその2年前、経済産業省が取りまとめた「DXレポート」にある。このレポートでは、日本企業においてDXの実現の課題とその最悪のシナリオとして、年間最大12兆円の経済損失が出るとの試算が示され、警鐘を鳴らした。

その課題とは、多くの企業において、既存のITシステムが老朽化して非効率的なものになっている点や、さらに、長年メンテナンスを繰り返し行ったことでシステムがつぎはぎ状態になっている点があげられる。さらに、単独の業務を管理するシステムが現状でも多くあり、全社横断的なデータ活用ができていない状況にある。真のDXを実現するには既存のITシステム（レガシーシステム）の課題解決に加え、業務自体の見直しも必要という指摘がされている[13]。

先の金融システムの変遷で述べたとおり、金融業界には長いオンライン化の歴史がある。それは裏返せば他の業界に比べ過去の技術や仕組みで構築されているシステムが多く残存しているともいえる。システムの全貌と機能の意義がわからない「ブラックボックス」の状態になっている既存のシステムでは、全社横断的なデータ活用が滞り、経営や事業戦略上の足かせとなって高コスト構造につながっている。こうした背景から、金融業界では本レポートがより現実味をもって受け入れられたのではないだろうか。

13　経済産業省「DXレポート〜ITシステム「2025年の崖」の克服とDXの本格的な展開〜」（2018年）

あらためて、金融業のDXとは何か、という問いに対して、断片的なシステム導入・技術活用にとどまらず、金融機関のビジネスモデルや経営モデル、ひいては金融ビジネスそのものを根本的に変えていくことが答えである。そのため、たとえば、「RPA導入による業務効率化」といった、既存プロセスの効率化や強化のためにデジタル技術を活用するものはIT化であるが、DXではない。「DX」と「IT化」はしばしば混同され、IT化にとどまるケースが多いのも事実である。「DX」は企業が競争力の優位性を確保する目的であるのに対して、これまでアナログな方法で進めていたビジネスプロセスを単にデジタルに置き換えていくことを指す「IT化」は手段である。

　したがって、DXを推進するうえでは、組織の目指す方向に向かう過程で、IT技術などを含むデジタルがどのような役割を果たすのかを示すことが重要である。特に、金融機関に古くから機能している意思決定プロセスや組織文化の改革が要であり、ゆえに、長期的戦略が不可欠といえる。

　DXをする際に陥りやすい問題として、しばしば取り上げられるのは以下の3点である[14]。

① 　企業経営へのデジタル活用……前述したように、DXを推進するうえでのビジョンや経営戦略、それを実現するための事業の構想を描く必要がある。ビジョンや経営戦略がなければ、コストをかけて導入したテクノロジーもピンポイントの機能として活用されるのみで、それはDXとはいえないだろう。企業のビジョンや経営戦略にまで踏み込むためには、経営層が積極的にDX推進にかかわっていくことが必要である。

14　Forbes JAPAN「Beyond DX」(2021年)、日本経済新聞「DXに失敗する3つのワナ」(2021年3月3日付)

② 異業種連携……既存市場の飽和や急速なデジタル化、SDGs意識の高まりなどの社会情勢の変化から消費者のニーズは拡大し、企業が対応すべきテーマも拡大・複雑化が進んでいる。このような経済・社会構造の変化が著しい状況下において、同業種間で比較しているだけでは、既存の成功パターンや業界の常識にとらわれてしまい、DXの妨げとなる。事業戦略に基づいた異業種連携をすることで、これまでにない視点から、新たな価値観に基づく事業・サービスの展開が可能となりビジネスの変革につながるだろう。

③ 脱自前主義……前述したように、近年のテクノロジーやニーズの多様化、経済活動や社会構造の複雑化した時代において、規模が大きくなりすぎて小回りが利かなくなった日本企業は、自前のリソースのみで顧客に新たな価値を提供することは困難であり、DXの波にも乗り遅れるだろう。限界ともいえる自前主義から脱却し、外部の開かれたあらゆる場所から新しい知見や、テクノロジー、データなどの提供を受けて、イノベーションを創出していくことが望ましいと考えられる。

特に根本的な課題と指摘されているのが①の観点である。いくら個別の部署でDXを実践しようとしても、トップダウンで推進しないと行き詰まってしまうということは多くの人が指摘している。これは、他社の活用事例ありきの推進が起因になっていることが多い。

他社を追従するかたちで、AIの試験的導入や技術適用の実証実験（PoC）を実施したとしても、何のために、どこを目指してDXを推進するのか、経営における目的やゴールが何なのかが明確でなければ、DXの推進は困難である。DX推進に成功する事業会社は、

経営トップの号令から始まることが多い。その際にポイントとなるのは、「失敗の許容」と「スピードの重視」を明言することである。トップダウンでDXを推進していることで有名なSOMPOホールディングス、北國銀行などは、経営トップがDXでビジネスモデルを大幅に変更する、あるいは新しくつくるという意義をもって自社の事業モデルの変革の方向性を明確に示し、さまざまな施策を実現している。次に、このようなDXにおけるさまざまな事例をあげていく。

● 三菱UFJフィナンシャル・グループ[15]

日本最大にして世界有数の総合金融グループである三菱UFJフィナンシャル・グループは、2017年に「デジタルトランスフォーメーション戦略」を発表した。そのなかでは、デジタルを活用した事業変革として、(1)お客様の利便性向上、(2)業務プロセス改革、(3)国内外でのチャネル変革を掲げている。また、グループ横断型のデジタル戦略の推進体制強化等によって、グループ経営体制の再構築を目指すとしている。直近の取組みとしては、リスク管理システムのEoS（End of Support）対応を契機として、グループ全体の共同システム基盤をクラウド上に構築した事例がある。また、グループ企業である三菱UFJ銀行でもDX推進の取組みは盛んであり、その1つとして、米国のMoxtraと協業して顧客とのコミュニケーションプラットフォームを構築した事例がある。従来主に訪問ベースで行われていた顧客とのコミュニケーションを、メッセージングやビデオ会議などデジタルコミュニケーションへ切り替えることで、コロナ禍のニューノーマルに対応し、同時に書類の削減やオペレーションの効率化・高度化も見込んでいる。

15　三菱UFJフィナンシャル・グループ「デジタルトランスフォーメーション戦略」（2017年）

● ソニー銀行[16]

　ソニー銀行は2001年に設立されたインターネット銀行で、2013年時点ですでにAWSの利用を開始した。当初は周辺系システムから始まったクラウド化であったが、2019年10月には勘定系の一部をAWSに移行している。また、2018年より次期勘定系システムの検討を行っており、2022年度中の本番稼働を目指している。このような流れの背景の1つには、2018年にAWSが大阪に新たにデータセンターを設置したことで、可用性や耐障害性の改善が期待されたことが考えられる。2020年7月時点で、全システムのうち約80％がAWS上で稼働しており、時間の経過とともにAWSの利用割合はあがっていくものとみられる。これまでのクラウド化によって、最大60％のコストが削減されシステム導入までのリードタイムが短縮された。さらに、システム構築や運用保守の人的リソースを顧客要望の改善や新たなサービスの開発にシフトできるようになったという変化もあった。

● SOMPOホールディングス[17]

　保険・介護事業を通じて蓄積したリアルデータを分析し、介護、防災・減災、モビリティー、農業、ヘルシーエイジングの5つの領域に注力したサービス提供基盤となる「リアルデータプラットフォーム（RDP）」の構築に取り組む。これを基軸としデジタル時代のサービス事業を創出し、新たな顧客価値の創造を目指す。「安心・安全・健康のテーマパーク」をコンセプトに掲げ、その具現化に向けて積極的にPoC（Proof of Concept：実証実験）に取り組み、新規事業を開拓していった。具体的には介護事業において、介護

16　Amazon Web Servicesウェブサイト「AWS導入事例 ソニー銀行株式会社」
17　SOMPOホールディングスNEWS RELEASE「DXの取組みに積極的な企業として「DX注目企業2021」に選定」（2021年6月8日）

サービスを運営する子会社SOMPOケアでは、保有する入居者のバイタルデータや施設のオペレーションから得られるデータを解析することで、体調の変化の把握や最適なケアを実現している。これにより、QOL向上と介護職員の生産性向上を同時に実現できるという効果が確認されている。現在さらなるデータ・ノウハウ蓄積に向けて、自社内での展開と並行して外部展開に向けたアプローチを開始し、介護業界全体の課題である品質を伴う生産性向上を進めている。

　他の分野においてもPoCを経て具体的な価値創出に向けた取組みを開始している。さらに、櫻田謙悟グループCEOは自ら旗を振り、グループ全社をあげてデジタルワークシフトと呼ぶ人材育成を積極的に推し進め社員全員がDX人材になることを目指す。社員たちにリカレント型の教育を実施し、デジタル文化を根付かせることで、各事業の掲げる利益目標におけるデジタル活用率の向上を図る。

　● 北國銀行[18]

石川県金沢市に本社を構える北國銀行では、DXを「デジタルをトリガーにした全社改革」と位置づけ、2000年代からプロジェクトを開始。当初、物件費用や、人件費が経営を圧迫、その後銀行の収益モデルの変化もあり、屋台骨だった貸出金による収益が減少していた。それらの課題に直面するなか、同行はDXという言葉が注目される以前から、行内でのIT改革を推進し組織やマネジメントといった構造面、社内のマインドセット、リカレント教育の3点を重視した。そして、トップ直轄でDX推進プロジェクトを展開し、システムのみならず、さまざまな観点から、銀行のあり方を変革していった。直近では、2021年5月には国内初となる勘定系システムの

18　北國銀行ウェブサイト「地域のデジタル化への取り組みについて」

クラウド化を実現した。これにより、運用費などの固定費削減につながるほか、オープンAPIの公開基盤との連携などを通じて他サービスとの連携がよりスムーズになるという利点もあり、今後の顧客に対する新たな価値提供が期待されている。一方で、2020年からはDX人材の採用にも力を入れるなど、新たな銀行のあり方を追求し続けている。これらの変革は、地方銀行のみならず金融業界へ大きな衝撃を与えている。そして、同行は、今後さらなる変革を実現させる予定だ。勘定系のBaaS化や双方向API接続導入、内製・アジャイル化など、行内にとどまらず地域や顧客のDXを推進していくことを目標としている。

● 伊予銀行[19]

愛媛県に本社を置く伊予銀行は、銀行手続を完結できるタブレットや、デジタル技術を駆使した新たなサービスで、ユーザー・バックオフィスの両方に大きなメリットを生み出した。昨今、地方における人口減少による資金需要の減少など、地方銀行を取り巻く経営環境は厳しさが増し、生産性向上が急務となる一方で、社会的な地方銀行の役割として、店舗網の維持も求められていた。また、急速に進むデジタル化や異業種からの参入に対して、地域に密着しながら、データを駆使して、お客様に対するより高い提案力を提供していく必要があるという状況でDXに踏み出した。同行のコンセプトはデジタルが得意な部分は徹底的に活用し、行員は人にしかできない価値提供に専念するという「DHD（Digital-Human-Digital）」モデルの推進である。その取組みのなかで、店舗タブレットの「AGENT」、デジタル完結の住宅ローン「HOME」、資金予測で無理な借入れを防ぐ「SAFETY」の3つのサービスが開発された。

19　伊予銀行DHDウェブサイト

これらによって、事務作業に費やす時間を70〜80％削減することに成功した。

- ●DBS銀行（シンガポール）

現在東南アジアおよび東アジアを中心とした18の国・地域に280以上の拠点を構える規模のシンガポール開発銀行（DBS：The Development Bank of Singapore、以下「DBS」）は、世界でもDXに成功した銀行といわれており、金融情報誌「EUROMONEY」で2016年と2018年に「World's best digital bank」という称号を得ている。DBSにとって直接的な脅威になったのは中国の金融ディスラプターとも呼ばれるAlipay（アリペイ）のアリババや、Wechatpay（ウィーチャットペイ）のテンセントの台頭である。DBSは、いままでやってきたことを根底から見直し、徹底的に顧客視点に立つことを目指し、いち早くDXを推進した。「会社の芯までデジタルにするために社員を教育する」「自らをカスタマージャーニーへ組み入れる」「従業員2万2,000人をスタートアップに変革する」と3つの目標を掲げ社内の改革を行った。DBSのDXは2009年から2014年の第1フェーズと、2014年から2017年の第2フェーズの2つに分類することができる。第1フェーズでは、銀行システムの脆弱性を解消するためにデータセンターを増設するなど、インフラやプラットフォームを構築した。第2フェーズでは、「プロジェクト型組織からプラットフォーム型組織へ」「アジャイルな開発チームの編成」などのテーマで組織改革が行われたほか、「クラウド・ネイティブになる」「APIによってエコシステムのパフォーマンスをあげる」「データドリブン、カスタマーサイエンス、計装と実験に基づく顧客第一主義を徹底する」「人とスキルに投資する」という4つの目標を掲げ、企業文化の強化や、サービスの変革を抜本的に行うことに成功した。

▌金融×テクノロジーの未来──Web3をはじめとする 分散技術の発展が金融ビジネスを大きく変える可能性

　金融をめぐるテクノロジーはこのように常に変化し続けている。テクノロジーの進展は、個別の金融業務にとどまらず、金融サービスそのものを大きく変貌させ、私たちの生活にも影響を与え続けてきた。

　そして現在、金融取引に関する法律や規定を取り決めるのは政府機関であり、資本の流れを管理するのは金融機関、銀行や証券、保険などの仲介機関というように、世界の金融システムのほぼすべての部分が、どこかしらの中央集権的な機関によって管理されている。すなわち、中央集権的な機関が存在するということは、言い換えれば金融市場を意図的に操作できる状況にある。

　しかしながら、従来の中央集権的な仲介機関を必要としないWeb3をはじめとする分散技術が登場したことで、これまでの金融ビジネスがさらに大きく変化する可能性がある。後述するが、これは中央管理者が不要な分散型金融とも呼ばれ、ユーザー同士が融通し合うことで成立する。分散型金融はまだ黎明期であり、消費者保護・セキュリティ・規制コンプライアンスには課題が残っている。これらの課題に対して、金融機関は、これまで長きにわたり積み上げてきた信頼性を担保として、本人性確認の社会インフラや権利移転のルール整備といった、安心・安全にサービスを提供する仕組みづくりが期待されるだろう。

　さらには、新型コロナウイルスの感染拡大によって場所に限定されない働き方や、地域主義が加速したことにより、自律分散型社会があらためて注目を集めている。自律分散型社会とは、分散する個が自律的に社会を構成し、中央集権や特定の企業に寡占されない社

会である。このような社会では、地方企業、中小企業のさらなる発展が望めるだろう。個々の会社や産業の枠を超えて、多種多様・玉石混交のデータが行き交うモデルでは金融機関の役割はどのようなかたちになるだろうか。この場合、地域との密接なリレーションをもつ金融機関が自ら進んでデジタル化に取り組み、データマネジメントを行うことで、新たな社会課題の発見・解決につなげていける可能性があると考えられる。

また、最近、盛り上がりをみせているテクノロジー、メタバースによる金融への影響を長期視点で考える動きも現れている。今後さらに注目を集めていくであろうメタバースについてはCHAPTER 2 SECTION 2で詳しく説明する。

SECTION **3** リアルとデジタルが織りなす新しい世界

はじめに

ここまで、銀行を取り巻く外部環境やテクノロジーの歴史をみてきた。ここでいったん金融から視点を移し、リアルとデジタルが織りなす新しい世界をSociety5.0からの観点でとらえ直してみよう。

テクノロジーの進化によってみえてくるSociety5.0の目指す社会

2016年1月22日、「第5期科学技術基本計画」が閣議決定された。そのなかで目指すべきスマート社会のあるべき姿として提唱された社会像の概念が、「Society5.0」である。人類が集団生活を営む「社

会」を形成した狩猟社会を1.0と定義し、農耕社会、工業社会、そして現在の情報社会の次に目指すべき社会像として提唱された「超スマート社会」は、「必要なもの・サービスを、必要な人に、必要な時に、必要なだけ提供し、社会の様々なニーズにきめ細やかに対応でき、あらゆる人が質の高いサービスを受けられ、年齢、性別、地域、言語といった様々な違いを乗り越え、生き生きと快適に暮らすことのできる社会」とされている。

Society5.0においては、フィジカル空間におけるさまざまなデータを各種センサーによって収集し、サイバー空間に膨大なデータを集積していく。センサー以外にも、さまざまに組み合わされたシステムにおいて、データは製造され、蓄積されていく。蓄積されたデータはAI等を用いて解析され、サイバー空間上に、フィジカル空間におけるさまざまな問題や事象を解決するための実空間のモデルが構築される。簡単なモデルであれば少量のデータで構築可能だが、現実社会を再現するモデルを構築するとなると、まさに莫大なデータが必要となる。集積されたデータが多ければ多いほど構築されるモデルは精密になり、現実社会の再現性を高めていく。このようにしてサイバー空間上に構築されたモデルと、そこから解析されたデータがフィジカル空間にフィードバックされ、これらが融合して現実空間の課題を解決することで、豊かな社会が形成されていく。

このように、Society5.0で提唱された社会では、現実社会におけるさまざまな事象をデータ化し、それを解析することで情報や知識を蓄えていく。このような取組みは、金融機関においてもまさにいまSociety5.0の実現に向けた移行期として進められている。

2010年代半ばよりFintechという言葉が使われ始め、テクノロジーの力を借りることで金融サービスはさまざまなかたちに拡張を

進めてきた。複数金融機関に蓄積された取引データを集約し、異なるソースのデータを関連づけたり、キャッシュレス決済や簡易な個人間送金等、さまざまなかたちのサービスが提供されてきている。また、デジタルを活用した新しい形態の金融機関が現れてきた。既存金融機関と異なり、店舗や窓口をもたず、すべての金融サービスをスマートフォンなどのデジタルタッチポイントのみを通じて提供する「チャレンジャーバンク」と呼ばれる金融機関や、既存の金融機関からサービスとして金融機能の提供を受け、代理店のような形態で金融サービスを提供する「ネオバンク」と呼ばれる金融機関などである。これらの新たな金融機関の形態は、今後はエンベデッドファイナンスという方向に進むといわれている。金融事業者よりサービスとして提供された金融機能を、非金融事業者が自社のサービスのなかに組み込むことで、自社サービスと金融サービスを組み合わせて提供する事例が現れ始めている。消費者側メリットとして、サービスと決済などの金融機能が一体化した、新たなサービス体験を受容できるとして注目を集めている。

　これらのデジタルを活用した金融サービスが拡張されていくと、そこにはこれまでにない、消費行動をより鮮明に浮かび上がらせる、高品質かつ莫大な量のデータが生まれてくる。Society5.0において求められる金融機関の姿とは、これらの大量データを活用することで新たな付加価値を提供することにほかならない。

　金融機関におけるデータ利活用においては、これまで一般的に活用されてきた財務諸表数値や各種経済統計などに加え、生活環境のデジタル化によって活用可能となったさまざまなデータである「オルタナティブデータ」の活用にも注目が集まっている。さまざまなかたちで収集、蓄積されたデータを用いて、融資先企業の経営状況や受発注状況、資金決済情報をリアルタイムで把握することでより

精度の高いサービスにつなげたり、不正が行われるリスクを低減させるといった価値を生み出していくことが求められるようになる。

　しかし、メタバースやWeb3といった新たな技術や思想は、この流れを新たな方向に分岐させていくものととらえられる。

　Society5.0はデータ駆動型社会であるといわれている。そのデータはあくまでフィジカル世界で生成され、解析された情報や知識がフィジカル空間にフィードバックされる。メタバースの登場により、フィジカルではない社会が無数に形成されていくことになる。これらは単体で経済圏を生み出し、またそれらが複数接続され、複雑なエコシステムを形成していくだろう。つまり、Society5.0でいうデータ生成元が、さまざまに生まれていくということになる。メタバース内で生成されたデータはメタバース内に蓄積され、新たな情報と知識を創発するだろう。またそれらのデータや情報は、別のメタバースへと連携され、フィジカル世界へとフィードバックされるかもしれない。

　これまでのフィジカル世界では決して生まれえなかったデータ、これらがメタバース社会ではさまざまかつ大量に発生することとなる。また、フィジカル世界ではデータを取得するセンサーの配置、取得したデータを集約するネットワーク、データをハンドルするエッジデバイスや信頼性を担保するトラストサービス等、データの取得に多大な労力とコストが必要となる。それに対してメタバース世界はそもそもデジタルで構築された仮想社会であるため、フィジカル社会と比較して、データ取得の柔軟性が高く、収集コストも抑えられることは想像にかたくない。いわば、Society5.0で構築を目指していた、フィジカル社会のデータをサイバー空間で分析することで社会に価値を貢献する、というデジタル社会の前提が大きく変わってきているといえるだろう。

もちろんこれらは、データがつくられる発生ソースが新たに増えたととらえると、さまざまなソースから発生するデータを解析して付加価値をつくりだすという基本思想に変化はない。ただし、Society5.0で描かれた社会はサイバー空間とフィジカル空間は対等に紐づけがされていたものが、Web3／メタバースという技術が成熟した社会では、それが必ずしも1対1で紐づくものではなく、1つのフィジカル世界に対してさまざまなメタバースが存在し、メタバースで生まれたデータが新たな情報や知識として、フィジカル世界や別のメタバースにフィードバックされ、新たな付加価値やサービスが生まれてくる世界が実現しうると考える。

　これまでGoogleやAmazonなどのメガテック企業は、Webの閲覧履歴や商品の購買履歴などのWeb上の莫大なデータを集めることで、その影響力を増してきた。Society5.0では現実社会のフィジカルデータを集めることで、現実社会をより暮らしやすくすることを理想とした。これから訪れるメタバース社会では、どのようなデータを集めた企業が影響力を高め、どのようなデータが社会をよりよくできるのか、今後さまざまなプレーヤーが取り組むさまざまな挑戦のなかでその姿が具体化されていく。

　ここまでは、Society5.0で描いたデータ駆動社会において重要な要素となるデータはどのように生まれ、どのように集められるか、それがWeb3という概念が加わることでどのように変化していくのか、という観点でみてきた。では、そのようにして集められたデータは、どのような影響を社会に与えるのだろうか。

　2015年に経済産業省によって取りまとめられた報告書[20]では、データ駆動型社会とは、「CPS（Cyber Physical System）がIoTによ

20　産業構造審議会商務流通情報分科会情報経済小委員会「中間取りまとめ〜CPSによるデータ駆動型社会の到来を見据えた変革〜」（2015年5月）

るモノのデジタル化・ネットワーク化によって様々な産業社会に適用され、デジタル化されたデータが、インテリジェンスへと変換されて現実社会に適用されることによって、データが付加価値を獲得して現実世界を動かす社会」と定義されている。つまり、収集されたデータを解析、解釈することで、現実社会へ付加価値を適用していく仕組みがそこには必要ということである。

　データを収集解析して現実社会に適用するという仕組みそのものは、簡易なものから複雑で膨大なものまでさまざまなものがある。個人レベルでは体調管理を行うときには毎日体重の増減を測定し、増加傾向にある場合は食事制限や運動を増やすなどの行動にフィードバックすることによって、健康という付加価値を実現していく、というモデルは当たり前のように取り組まれているし、企業活動ではPOSシステムによって集計されたデータをもとに仕入れ量の調整や商品構成の変更を行い、売上げ増という価値を生み出していく。

　Society5.0は目指す社会像の概念であり、仕組みの実装について定められた定義は存在しない。そこにはさまざまな仕組みがあり、実装される産業によっても異なる。さまざまな仕組みがさまざまな業界に実装されることで、社会全体の仕組みを大きく変革していくことを目指している。Society5.0で描く社会では、これまで収集してきた一般的なデータに加え、IoTやネットワーク技術の進展により収集するデータの種類と量が莫大なものとなり、かつリアルタイムな収集と解析が可能となる。データを解析して人間が判断し、付加価値を生成するこれまでの仕組みに加え、人間ではとても解析できない莫大なデータの解析と活用が、AI技術の進展により可能となってきている。そこに求められる基本的な概念としては、人間が介在せずともデータを起点として社会が動いていく、自律的な仕組みが具体化していくだろう。

自律的な価値交換の仕組みを実現した大きな変化が、ビットコインの登場であった。ブロックチェーン技術のユースケースは多様化を増し、Web3という大きなムーブメントを引き起こした。中心的な領域であるDeFiやDAO、NFTが実現を目指す仕組みは、非中央集権で自律的な仕組みづくりによって、金融システムや組織運営を変革しつつある。ブロックチェーン技術と、伴って実現するスマートコントラクト機能によって、自律的な仕組みを実現している。

　つまりこれは、Society5.0で実現を目指したデータ駆動型の自律的な社会の仕組みを実装する1つの手段として、Web3の仕組みが活用できる可能性が高いといえよう。これまでは目指すべき未来の社会像であったSociety5.0の姿が、Web3という技術のムーブメントによって具体化する姿がみえてきた、ととらえられる。

　もちろん、Web3によって実現できる仕組みはSociety5.0で描いた社会像の一部でしかない。また、現時点ではWeb2.0と分類される中央集権的な仕組みや、それ以前から存在する伝統的な情報システムによって実装できる仕組みもあるだろう。しかし、自律的な組織や仕組みを実装しつつあるWeb3のムーブメントが、Society5.0の実現を加速しつつある、ととらえると、今後実装されていく社会の仕組みもみえてくるのではないかと考える。

　加えて、Society5.0とWeb3の関係性を考えるうえで、見落としてはならない点を1つあげると、Society5.0はあるべき社会の方向性として、日本国が掲げる実現を目指す社会像は、テクノロジーの進化によって人間中心の社会を実現する、と掲げている点である。それに対し、ブロックチェーン技術の進展や、ビッグテックによる情報集約へのカウンターカルチャーとして発展してきたWeb3のムーブメントは、すべての人間の幸福を包摂するという方向性までは掲げきれていないといえるだろう。もちろん、Web3のムーブメ

ントのなかで、社会課題の解決を目指し、人類の幸福実現を目指すサービスは存在する。しかし、一部の高い賭博性をもつサービスや児童労働などの課題を抱えるサービスがWeb3のムーブメントのなかで生まれ、社会課題化していることもまた事実である。

新たな技術が生まれる際に、既存社会とのコンフリクトを制度や規制で擦り合わせていくという流れはこれまで何度となく繰り返されてきた。また規制によって妨げられる革新という側面も数多くある。そのなかで、あるべき社会の方向性として掲げられたSociety5.0というビジョンに対し、新しく生まれてきたWeb3というテクノロジーがその実現に資する方向性とは何か、というとらえ方は、具体的に社会に価値を提供する仕組みやアイデアを創発する1つの方法論であると考える。

最後に、Society5.0とメタバースの関係性をとらえ直してみる。繰り返しになるが、Society5.0で目指す社会はフィジカル空間とサイバー空間の高度な融合である。それに対し、メタバースとは完全なるサイバー空間のなかで、1つの社会を形成ないし、複数の異なる社会が相互につながり、「系」としての社会を形成していくものとして比較される。Society5.0においてフィジカル空間をサイバー空間上に再現するモデルのなかで、高度にフィジカル世界を再現したサイバー空間はデジタルツインと呼ばれ、現実世界の高精度なシミュレーションを可能とする。このように、サイバー空間に構築された仮想社会のうち、フィジカル空間を高度に再現したものと、現実には存在しない独立した仮想空間をメタバースと呼ぶ、と比較できる。これらは相互に補完関係にあり、厳密に区分できない概念であるととらえることができるだろう。また、実装に係る技術としてはほぼ同一であるため、それぞれの技術発展が互いを補いつつよりよい社会形成を実現していくことを願う。

変わりゆく「お金」のカタチ

　ここまでで、金融業界はもちろんのこと、社会像としてもテクノロジーとの向き合い方がいま一度問われていることをご理解いただけたかと思う。本書ではそのなかでもWeb3を軸として金融の未来を描くことを主眼に置いているが、その前にここでは銀行×テクノロジーの未来を考えるうえで欠かせない観点である、テクノロジーの進化と対峙しての「お金の未来」をみていきたい。

はじめに

　私たちの生活に欠かせない「お金」のかたちが、テクノロジーの進展により大きく変化し続けている。日本人の日常生活でも、硬貨や紙幣といった現金というかたちにかわってのQRコードなどを利用するキャッシュレス決済はもはや珍しいものではなくなった。地域デジタル振興券を使ったことがある人も多いだろう。新型コロナウイルスの影響で、現金をやりとりすることにより紙幣や硬貨を介してウイルスを遷される可能性があるので、触りたくないというトレンドも生まれた（後の研究で、現金を介して新型コロナウイルスに感染する可能性は低いことがわかった[21]）。日銀は今次局面に対応した積極的な措置は特段実施せず、キャッシュレス化が進む中国、韓国よりはこうしたトレンドは大きくなかったが、民間調査などをみると、現金に抵抗感をもちキャッシュレス決済に変えた層が一定数

21　Todt D, Meister TL, Tamele B, et al. "A realistic transfer method reveals low risk of SARS-CoV-2 transmission via contaminated euro coins and banknotes." iScience 2021; 24:102908.

いることがうかがえる[22]。

　また、やりとりのかたちも変化している。消費者金融も店舗での申込みからスマホ経由に変化し、借りるお金もQRコード決済のLINEペイ残高といった現金ではないケースが急増している。中央銀行がデジタル通貨を発行する仕組み（CBDC：Central Bank Digital Currency）については世界の中銀の約9割が検討・研究を進めており、バハマや中国などのようにすでに導入している国もある。2008年のブロックチェーン技術の登場により、これまで中央管理者を介さなければできなかったお金のやりとりが当事者間で実施できるようになり、契約を自動執行するスマートコントラクト機能で商取引の信頼性を担保できるようになった。2009年に登場したビットコインに代表される暗号資産（仮想通貨）バブルも注目を集めた。

　一方、日本ではいまだ給料日にATMに並ぶ行列は変化しておらず、特に地方を中心に現金しか使えないケースも少なくない。デジタル決済に関する手数料の高さも障壁となっている。現金を扱う仕組みも海外に比べ確立している。昨今スーパーなどの小売店でも一般的にみかけるようになったセルフレジは、欧米ではクレジットカードやデビットカードを利用することを前提に、素早くチェックアウトできることを目指してつくられている。しかし、日本のそれは現金自動精算機能も兼ねていることが大半だ。現金自動精算機で国内最大手のグローリーによると、現金の取扱機能を備えた日本独自の「セルフレジ」が普及した理由は、海外の硬貨と比べ、日本の硬貨の価値が高いためとしている[23]。たとえば500円硬貨は世界の硬貨のなかでも飛びぬけて価格が高い分、研究開発投資に価値が見

22　財務総研スタッフ・レポート「新型コロナウイルス感染症拡大に伴う家計の決済行動の変化」（2020年6月3日）4頁、MMD研究所「新型コロナウイルスによって約2割の人が支払い方法に変化あり「現金」の利用が減ったのは73.6%、一方で「スマホ決済」の利用は増加」（2020年4月30日）

出されやすい。また、日本では流通貨幣の品質を高く維持する仕組みが確立しており、海外のようにくしゃくしゃの破れかかった紙幣をみるケースもまれである。これはATMについても同様のことがいえるだろう。昨今はコスト削減要請で減少傾向にあるATMだが、世界で比較しても日本の製品は高機能だといわれている。

CBDCを導入しようとしても、伝統的に現金決済への依存度が高いため、普及に課題を抱えるインドのような国もある。暗号資産は価値の乱高下がいまだ激しく、あくまで投機手段であり、日々の決済手段として使うことはむずかしいというのが一般的な見解だ。2022年には、ステーブルコイン「テラUSD」がウクライナ情勢などを受けて急落し、ベンチャーである運営会社が突然取引停止したことを引き金に、世界的な暗号資産交換業者であるFTXトレーディングが経営破綻したことが話題となった。こうした暗号資産絡みのトラブルは、日本でいうと2014年のマウントゴックスの破綻が有名だが、いまなお繰り返されている。

貸出を繰り返すことによって、銀行全体として最初に受け入れた預金額の何倍もの預金通貨をつくりだす信用創造のビジネスモデルは、借りたい人・貸す人がいる限りなくなることはないものの、昨今の預貸率の低下や長期的な低金利により、お金の価値が相対的には低下しているともいえる。

私たちは、いまあらためてデジタル化する「お金の未来」を見据えてのビジョンを提言したい。脱資本主義というテーマが流行り、景気後退の閉塞感が高まる現在、デジタル化により変わりゆくお金と相対し、未来の可能性を考えていくことがバンキングにおいて必要と考えるためである。

23　鈴木淳也「キャッシュレス化の中で「現金自動精算機」市場が急拡大する理由」（Impress watch、2020年6月12日）

▌デジタルシフトで生まれつつあるさまざまな「お金」

キャッシュレス化の進展

●日本でキャッシュレス化が推進される理由

　日本政府は、2025年までにキャッシュレス決済率を40％にすることを目標に掲げている。また、国をあげての大規模なキャッシュレスキャンペーンも2019年から2020年にかけて実施された。キャッシュレス推進に積極的な主な理由としては、たとえば、「生産性向上・人手不足の解消」「現金決済のインフラコスト削減・リスク低減」「インバウンド消費の拡大」といったものがあげられる。

　第一に、「生産性向上・人手不足の解消」という観点については、日本では、2030年には需要に対して644万人の労働力が不足するとされている[24]。労働力が不足するなら、労働時間を減らして生産性をあげる必要がある。経済産業省が2020年1月に公表した「キャッシュレスの現状及び意義」によると、レジ締めの作業時間はレジ1台当り平均25分とされている。キャッシュレス決済を導入すれば、こうした毎日の作業時間をカットできる。このように労働時間に対する生産性の向上が見込める。

　次に、「現金決済のインフラコスト削減・リスク低減」という観点については、ATMの設置・運営などを含めた現金決済インフラの維持・管理にはコストがかかっており、経済産業省の「キャッシュレスの現状及び意義」によると、現金決済インフラには、年間約1.6兆円を超える費用がかかっているとされている。そのため、キャッシュレス化を進めることで、現金決済インフラの費用の削減が可能となるほか、偽造紙幣や現金強盗の減少も期待されている。

24　パーソル総合研究所「労働市場の未来推計2030」

「インバウンド消費の拡大」という観点については、特に新型コロナウイルス流行前には、インバウンドの消費量が拡大しており、経済産業省の「キャッシュレスの現状及び意義」によると、訪日外国人の約7割はキャッシュレス決済手段があれば「もっと多くお金を使った」とされている。いったんコロナ禍でインバウンド消費は落ち込んだものの、今後は外国人観光客も増加していくことも考えられるため、キャッシュレス決済の需要も増えていくことが期待できる。

● 日本におけるキャッシュレス化の現状・将来的な目標

政府が積極的な姿勢を見せる一方で、日本のキャッシュレス化の現状は、諸外国に遅れをとっている状況といえる。経済産業省の「キャッシュレスの現状及び意義」（2020年1月）によると、2020年の日本のキャッシュレス決済比率は約30％まで上昇したものの、アメリカでは約50％、イギリスは約60％、フランスが約45％、中国では約80％、韓国は約95％とされており、諸外国の状況をみると、中国・韓国をはじめとして、アジア地域の国々でのキャッシュレス化の割合は日本と比べ非常に高いことがわかる。

経済産業省の「キャッシュレスの現状及び意義」によると、先述のとおり、政府は2025年6月までにキャッシュレス決済比率40％を目指すとしている。2025年には大阪・関西万博が開催予定ということもふまえると、キャッシュレス決済比率が伸びれば、よりインバウンド消費の伸びが期待できる。また政府は、将来にはキャッシュレス決済水準を世界最高レベルの80％にすることを目標としており、さらなる推進が見込まれる。

● 店舗や消費者のメリットなど

キャッシュレス決済の導入における店舗側のメリットをみていくと、「データで売上げを把握できるため、管理しやすくなる」「レジ

関連の作業が効率化される」「キャッシュレス決済を愛用する利用者が導入店舗の新規ユーザーになることがある」「お釣りの渡し間違いがなくなる」といった点があげられる。他方で、消費者側のメリットとしては、「財布に多くの現金を入れなくていいので荷物がかさばらない」「スムーズに支払を完了できる」「クレジットカードなどのポイントがたまる」「キャッシュレス決済のキャンペーンを利用してお得になることがある（例：割引、ポイント還元など）」「家計簿アプリなどと連携できる」といった点があげられる。

　一方で、デメリットも一部指摘されており、店舗では、「会計のマニュアルを変更しなければいけない（従業員の再教育も必要）」、「初期費用や決済手数料がかかる」「現金払いがなくならない限り、キャッシュレス決済と両方管理しなければいけない」といったものがあげられる。消費者にとっては、「不正利用のリスクがある」「キャッシュレス化された店舗か確認する必要がある」「デバイスの電池切れ・故障、災害が発生した際にキャッシュレス決済を使用できないおそれがある」「お金を使い過ぎる」といったデメリットが聞かれる。

● さらなる普及に向けて

　たとえば金融機関では、以前からクレジットカードなどを含め、いろいろなキャッシュレス決済手段を用意している。今後は、このような決済方法のさらなる普及の促進や、これら手段の利便性をさらにあげることが求められる。また、前述のとおり、一定程度の消費者はセキュリティ面を気にしていることから、セキュリティに配慮することが重要である。そのほか、スマホベースの利用シーンに沿ったウォレット（電子財布）の提供や、リアルタイムで家計管理・口座管理ができるようにすること、利用者へのプロモーションも有効と考えられる。

こうしたキャッシュレス化の進展に伴い、世の中のお金に対する意識も徐々に変化している。キャッシュレス決済手段のなかでも、とりわけコード決済（QRコード、バーコードによる決済）の利用率の上昇は目覚ましく、消費者庁の調査結果において利用頻度の高いキャッシュレス決済手段としてコード決済をあげた人の比率は、2019年12月時点の34.4％から2022年12月時点では51.8％まで急伸した[25]。また、別の調査結果では、コード決済利用者の半数程度が同手段の利点として、「支払いが簡単、早い」（57.3％）、「キャンペーンやポイントなどの特典が得られる」（48.7％）、「スマートフォンだけで支払ができる」（47.4％）をあげている[26]。このように、特典を目的とした利用は相変わらず高いものの、コード決済は常に持ち歩くスマホを使った簡便な決済手段としてその地位を確立しつつあることがうかがえる。また、コード決済サービス内の残高も、他の交通系や流通系の電子マネーと同じくデジタルなお金として抵抗感なく受け入れられているといえる。実際、これらのサービスの残高としてお金を借りるLINEポケットマネー、メルペイスマートマネーのような個人向けの少額融資サービスも登場している。申込みや審査、借入れから返済までの流れをすべて日常的に利用するスマホアプリで完結できるため、気軽に借入れや返済ができるという点で、徐々に利用者数を伸ばしている。また、各サービス提供者は、自分たちが保有する膨大なデータをもとに独自の与信審査を行っており、従来のカードローン等よりも金利が低くなる可能性がある点も、利用者数を伸ばしている理由としてあげられる。

25　消費者庁「［参考・2月（確報）］店頭購入及びキャッシュレス決済に関する意識調査結果」（2022年3月16日）

26　三菱UFJリサーチ＆コンサルティング「資料1キャッシュレス決済の動向整理」（消費者庁第46回インターネット消費者取引連絡会）（2022年9月16日）

暗号資産の登場と広まり

　テクノロジーの進展によるお金の変化、その大きなきっかけとなったのは、間違いなくビットコインおよび「インターネット以来の発明」と評されるブロックチェーン技術であろう。そしてビットコインに代表される暗号資産（仮想通貨）を起点に、ステーブルコイン、CBDC（中央銀行デジタル通貨）といったデジタルなお金が次々と登場し、その状況はいまも目まぐるしく変化している。そして、こういった動きを横目に、地域創生の一環として取り組まれてきた地域通貨も着実にデジタル化が進んでいる。

　暗号資産（仮想通貨）とは電子データのみでやりとりできる財産的価値であり、国家やその中央銀行によって発行された法定通貨とは異なり、国家による保証をもたないお金である。一方で、暗号資産は銀行等の第三者を介することなくやりとりできる仕組みとして大きな注目を集めた。

　暗号資産の始まりは、2008年に発表された論文をもとに開発されたビットコインである。ビットコインは、インセンティブの仕組みに基づいたネットワーク運営により仲介者なしで取引ができる。送受用アドレスだけでは個人を特定できないため取引における匿名性が高いといった特徴から、中央集権的な金融システムからの解放を望むリバタリアン（完全自由主義者）の支持を集めた。しかし、ビットコインを含む暗号資産は価格が安定しないことから、決済手段ではなくどちらかというと投機の対象としてみられることが多いというのが現状である。マーケットにおけるビットコインの価格を振り返ってみると[27]、さまざまな地政学リスク、事件、金融市場に影響を受け、乱高下を繰り返してきた様子がわかる。2010年5月22日、ピザ2枚の代金として現実世界で初めて支払に利用された際に1BTC＝0.0025ドルだったビットコインは、世界初のビットコイン

の取引所マウントゴックスの登場等を経て世界中から注目され始め、価格が急上昇していった。その後、キプロス危機、マウントゴックス破綻、中国での規制強化、コロナ禍における経済の先行き不安の高まり等のさまざまな事象の影響を受けて暴騰・暴落を繰り返し、2021年11月には史上最高値である1BTC＝6万8,000ドルを超えた。しかし、2022年には一転して下降トレンドに突入し、世界的な暗号資産交換業者であるFTXトレーディングの経営破綻が報じられた際には1BTC＝1万6,000ドル付近まで急落した。最高値と比較するとおよそ4分の1程度にまで下がってしまったことになる。日本においても2017年にビッグカメラの店舗でビットコイン決済が導入される等、決済手段としてまったく利用されていないわけではない。しかし、価値が安定しないリスク資産に価値を見出し、長期に保有したい、あるいは継続的に利用したいと思うユーザーは、少なくとも個人においては多くないのではないだろうか。

　一方、国や企業としては、暗号資産に価値や将来性を見出すケースも出てきている。ビットコインは発行上限（2,100万枚）があらかじめプログラムされており、裏付け資産はないものの一部ではデジタルゴールドとも呼ばれ、アセットのなかに組み入れている企業もある。電気自動車世界最大手のテスラ、モバイル決済大手のスクエア、データ分析（BI）ソフト大手のマイクロストラテジーのように、企業の資産としてビットコインを保有する例も登場した。また、ビットコインを法定通貨に採用する国もある。中米のエルサルバドルでは、国内の雇用力不足、犯罪率の高さ、既存金融システムの不全といった問題に対する金融包摂、雇用の創出を目指し、ビットコインによる納税、値上がり益の非課税化、米ドルへの交換手数料を

27　Coincheck「ビットコイン（BTC）の価格推移の歴史！　価格が上昇する理由についても解説」（2022年12月2日）

最低限とする法案が2021年に可決された。しかし、世界で初めて暗号資産を法定通貨に採用したと大々的に報道された一方で、現在でも同国でビットコインの普及が進んでいるとは言いがたい。全米経済研究所（NBER）の調査によると、エルサルバドル政府の公式ビットコインおよびドルウォレット「Chivo Wallet」をダウンロードした国民のうち、政府が利用促進のために無料配布した30ドル相当のビットコインを使った後も継続してアプリを利用したのは、わずか20％だったという[28]。

　このような価格の乱高下を繰り返す暗号資産の問題を解決するため、価格安定性のあるデジタルなお金としてステーブルコインが登場した。ステーブルコインは、法定通貨との交換比率を固定したり、供給量を調整したりすることによって、法定通貨と価値が連動するような仕組みをもつ「価値が安定している暗号資産」である。ステーブルコインは、Facebook（現Meta）が計画を発表したリブラ（現ディエム）を発端として注目を集めるようになった。リブラは、当初通貨バスケット制という米ドルやユーロなどの複数通貨をまとめて世界共通の単一通貨を実現する計画であったが、2019年にその計画が発表されると各国の中央銀行や政府が即座に懸念を表明した。Metaという巨大プラットフォーム企業がかかわるステーブルコインが主要通貨である米ドルなどを脅かすとの懸念や、マネーローンダリングに悪用されるリスクなどから、規制当局の理解を得られず、2022年1月にディエム計画は事実上撤退を余儀なくされた。しかし、ディエムはデジタルマネーに新たな流れを生み出すきっかけとなった。ディエムの後も多くのステーブルコインが登場し、ドルに連動するテザーやUSDコインといったステーブルコイ

28　NBER WORKING PAPER SERIES "ARE CRYPTOCURRENCIES CURRENCIES? BITCOINAS LEGAL TENDER IN EL SALVADOR" April 2022

ンには時価総額が数百億ドル規模にのぼるものもある。国内でも、DCJPY等の円に連動するステーブルコインが登場し、さまざまなユースケースの検討がされている。しかし、アルゴリズム型と呼ばれる無担保型のステーブルコインであるテラUSDで起きた2022年5月の価格暴落は、ステーブルコインへの規制当局の警戒感を強める結果となった。

　急速に進むイノベーションとともに、暗号資産やステーブルコインに係る法整備も進められている。2016年6月に改正された「資金決済に関する法律」（資金決済法）では、「仮想通貨」が日本で初めて法的に定義され、世界に先駆けて仮想通貨を業として取り扱うにあたっての各種規制が設けられた。本改正により、仮想通貨交換業者をはじめとする関連企業は規制対応を迫られることになった一方、ルールの範囲において事業を行うことが公的に認められたことでより安定したビジネスを行うことが可能となった。仮想通貨が正式な決済手段として認められたことにより、先述のとおり、ビットコイン決済を導入する企業も登場した。また2019年5月の関連法の改正では、「仮想通貨」から「暗号資産」への呼称変更、暗号資産交換業者に対する利用者保護等のルール追加、ICO/STOのトークンに対する枠組み整理、暗号資産交換業者の犯罪収益移転防止法（犯収法）への準拠などが規定された。さらに2022年6月の資金決済法の改正では、これまで扱いが不透明だったステーブルコインについても発行・仲介に関する法的枠組みが整備された。こういった規制の整備は、金融システムの健常な発展には必須である一方、イノベーションの速度を一定緩めてしまう可能性もはらんでいるため、バランスをとりながらビジネスの実態に即して進めていく必要がある。

中央デジタル通貨と地域デジタル通貨

　CBDCは、先ほど述べた暗号資産やステーブルコインに触発されて世界各国の中央銀行や政府を中心に検討が進んできた。暗号資産との大きな違いは、暗号資産が中央集権からの解放を思想とすることが多いため基本的には発行・管理主体が存在しないことに対し、CBDCは中央銀行が発行・管理するものでありこれまでの貨幣シス

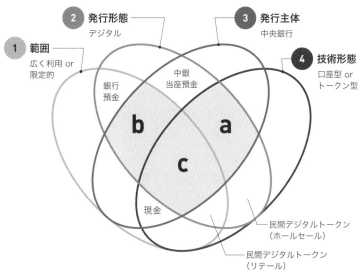

	分　類	対　比		
1	アクセス可能な範囲	広く一般的に利用	⇔	利用者が限定的
2	発行形態	デジタル	⇔	モノ形式（紙幣等）
3	発行主体	中央銀行	⇔	中央銀行以外（民間）
4	技術的な形態	トークン型	⇔	口座型

図表1-7　マネーフラワー（お金の分類）

出所："Central bank digital currencies"（BIS / CPMI,March 2018）4頁

テムの延長線上にある点といえる。

　CBDCとは、日銀によると次の３つを満たすものであるといわれている[29]。①デジタル化されていること、②円などの法定通貨建てであること、③中央銀行の債務として発行されること。また、BIS（国際決済銀行）によると、CBDCの発行形態としては、主に３種類が存在する[30]。マネーフラワーというかたちで呼ばれるこのお金の分類のうち、CBDCは、(a)ホールセールCBDC（トークン型）、(b)リテールCBDC（口座型）、(c)リテールCBDC（トークン型）として分類される（図表１－７参照）。

　ホールセールCBDC（トークン型）は、中央銀行と銀行間において、トークン（デジタルデータ）でCBDCを保有し取引を行う方式、リテールCBDC（口座型）は、中央銀行からエンドユーザーまですべての経済主体において、口座でCBDCを保有し取引を行う形式、リテールCBDC（トークン型）は、中央銀行からエンドユーザーまですべての経済主体において、トークンでCBDCを保有し取引を行う方式である。また、「口座型」とは、現在の銀行口座のような仕組みであり、ユーザーからの振替依頼に基づいて口座の減額記帳および増額記帳がなされることでCBDCが移転する。「トークン型」とは、銀行券の電子化とも位置づけられるものであり、金銭的価値が組み込まれたデジタルデータをトークンとみなし、スマートフォン上のウォレット等の間でデータを授受することでCBDCが移転する。

　各国におけるCBDCの検討状況は年々活発化している。BISの2022年３月の調査によると[31]、なんらかのかたちでCBDCに係る業務に取り組んでいると回答した中央銀行は、回答行全体の約90％以

---

29 日本銀行ウェブサイト「中央銀行デジタル通貨とは何ですか？」
30 BIS "Central bank digital currencies" March 2018

上に達した。また、回答行全体の約62％が実証実験（PoC）を実施中、約26％がすでに開発やパイロットプロジェクトに取り組んでいると答えている。さらに、6年以内の実用化や発行可能性についても、昨年よりも検討割合が増加傾向にあり、リテールCBDCでは65％、ホールセールCBDCでは54％で、「発行可能性が高い」または「あり得る」と回答した。

CBDCが必要とされる理由は、各国の事情によって異なるが、主に2つの傾向がみられる。1つは、コロナ禍の影響等により世界全体でキャッシュレスが加速化し、民間決済手段への依存度が高まっているなか、中銀として安全で信頼性の高い決済手段を提供すべきだという意識が高まっていることがあげられる。中国では、アリペイやWeChat Payといった民間の巨大テック企業の提供するキャッシュレスサービスの利用が進んでいる。これらの企業から決済の覇権を取り戻したい中国政府は、CBDCの検討・実証実験を精力的に推進した。

もう1つは、地理的な理由や銀行サービスへの信用不安から金融サービスにアクセスできなかった人々に対して強制通用力と信用力をもつ中銀マネーを提供することで金融包摂を推し進めるためである。カンボジア、バハマの例でいうと、彼らは自国通貨の信用が低い、決済のインフラが未整備でアクセスしにくい、現金を運ぶコストが高いといった問題を抱えていた。そこで各国の政府は、最新デジタル技術を採用し、先進的な決済インフラを整備することで、これらの問題を解決しようとした。世界で最もキャッシュレス化が進

31　BIS "Gaining momentum—Results of the 2021 BIS survey on central bank digital currencies" May 2022、赤羽喜治「DATA INSIGHT 世界中で本格化する中央銀行デジタル通貨（CBDC）の取り組み」（NTTデータウェブサイト、2022年1月26日）

んでいるスウェーデンでは、民間のキャッシュレスサービスである
スウィッシュが普及したことにより、逆に高齢者や銀行口座をもた
ない人等の現金利用者が支払できないといった状況が起こった。そ
のため、すべての国民が日々の支払に利用できる手段を提供すべ
く、スウェーデン国立銀行（中央銀行にあたる）であるリクスバン
クは、世界に先駆けてe-クローナの検討を2017年に開始した。

　世界で最も進んでいる取組みとして、デジタル人民元、デジタル
ユーロ、デジタルドルについて現状を整理する。デジタル人民元
は、2014年から中国人民銀行（中央銀行）が研究を始め、2020年以
降は国家レベルでの大規模な利用実験を実施している。中国人民銀
行は、デジタル人民元を利用した取引額が2022年8月末時点で1,000
億元（139億ドル）を突破したと発表している。すでに15省・23市の
試験地区で3億6,000万件の取引が行われ、560万以上の商店がデジ
タル人民元での支払に対応できるようになったという[32]。2022年2
月の北京五輪では、国内口座の所有者に限りウォレットアプリを通
じた利用が実用化され、短期滞在者はプリペイドカード方式での利
用となったものの、初めて外国人にも利用する機会が与えられた。
デジタルユーロは、ECB（欧州中央銀行）が検討を進めるプロジェ
クトで、2021年10月に2年間の調査フェーズを開始した。2022年9
月に公表された調査フェーズのプログレスレポートでは、デジタル
ユーロのユースケース整理、資金移転における認証方式、プライバ
シー、流通量の管理ツールといった基本設計の観点についての報告
がなされており、2023年秋にデジタルユーロの実現に向けた技術
面・ビジネス面の検討を行う実現フェーズ（3年程度）の開始を判
断すると締めくくられている。

---

[32] 「中国デジタル人民元、取引額が1000億元突破」（ロイター通信、2022年10月13日
　　付）

また、これまでCBDCに対して消極的な姿勢だったアメリカにおいても検討が加速している。2022年1月にFRB（米連邦準備理事会）は、CBDCに関するディスカッションペーパーを公表し、「CBDCの利点・リスク、政策上の検討事項」（14項目）および「CBDCの設計」（8項目）について、5月20日期限でパブリックコメントを募集した。この募集に対し、銀行、グローバル決済事業者、IT企業、研究者といった多岐にわたるステークホルダーからコメントが集まった。2022年3月にバイデン大統領は、「デジタル資産の責任ある発展を確保する」（Ensuring Responsible Development of Digital Assets）ための大統領令を発出し、そのなかでCBDCに関して発行が国益に適うと判断される場合には米国CBDCの研究開発を急ぐように言及し、FRBに対するCBDCの研究・開発・評価の継続を求めた。

　また、ボストン連銀とMIT（マサチューセッツ工科大学）が進める基盤技術に関する共同研究 "Project Hamilton" では、2022年2月に共同研究のフェーズ1報告書を公表し、"Two-phase commit（2PC）architecture" という処理方式でスループットが大幅に向上したという検証結果を発表した。フェーズ2では、プライバシーやプログラマビリティ、相互運用性の検討を予定しており、引き続き取組みが進められている。

　これまで海外の動向について整理してきたが、最後に日本の「デジタル円」についても整理しておく。2020年度の骨太の方針「経済財政運営と改革の基本方針」のなかでCBDCに関する言及がなされたことを受け、日銀は決済機構局決済システム課に対策グループを設置した。2021年4月から1年間にわたりCBDCの基本機能（発行、流通、還収）に関する検証を行う概念実証フェーズ1を実施し、2022年4月からは概念実証フェーズ2を開始している。フェーズ2

では、フェーズ1で確認した基本機能に、より複雑な周辺機能を付加したうえで、技術的な実現可能性やシステムの処理能力等について実機検証または机上検証を行うとしている。またフェーズ2以降の計画として、日銀は2023年春から3メガバンクや地銀と実証実験を行う調整を進めている。2年間ほどの実験を経て、2026年にも発行の可否を判断するとしている[33]。

これまで中央政府の動きについて述べてきたが、次は地方におけるお金のデジタル化についてみていきたい。日本の地方においては、人口減少、少子高齢化、若年層を中心とした東京圏への一極集中といった地方の抱える課題に加え、コロナ禍における消費促進策実施やキャッシュレス気運の高まりを背景に、デジタル地域通貨の取組みが増加している。地域通貨導入のねらいは、地域経済や地域コミュニティの活性化である。使える地域や期限などを限定することにより地元での消費や消費そのものを促し、地域事業者が元気になることで地域経済が活性化する。また、地域通貨をきっかけにユーザーと地域のお店や市民団体や市役所などがつながりあう、地域のためになる社会的善行の対価として地域通貨を支払うことでコミュニティが活性化するといった効果が期待されている。つまり、経済合理性の観点からはむしろ不合理な目的やニーズに訴求する工夫が凝らされている点こそが、地域通貨の最大の特徴ともいえる。この"経済外的役割"の点において、地域通貨は法定通貨をカバーする補完的な存在であるともとらえることができる。

デジタル地域通貨の取組みは、2010年代後半頃から日本各地で数多く登場しているが、どれも自身の地域ととことん向き合い練られ

33　日本銀行決済機構局「中央銀行デジタル通貨に関する日本銀行の取り組み」(2022年11月24日)、「日銀「デジタル円」、3メガ銀と実証実験へ　23年春から」(日本経済新聞、2022年11月23日付)

たアイデアが込められていてユニークで面白い。

　さるぼぼコインは2017年に飛騨信用組合がリリースしたスマホアプリ式のデジタル地域通貨で、岐阜県高山市・飛騨市・白川村で利用することができる。加盟店は約1,700店舗、高山市中心街での加盟店シェアは30〜40％（2021年3月末時点）にのぼる。さるぼぼコインの成功要因は、飛騨高山の経済規模にあった持続可能な仕組みである点、地域外の人間が飛騨地域に来たくなる工夫がされている点にあるといえる。そもそも信用組合は非営利組織であり、さるぼぼコインの運用による過剰な利益を追求しないため、仕組みを維持できる程度の手数料を設定することで加盟店やユーザーのコスト負担を抑えることができた。加えて、情報発信に強いベンダーとの共同開発等の工夫によりコストダウンが実現した点も特筆すべき点だろう。また、飛騨信用組合が運用する情報サイト「さるぼぼコインタウン」では、さるぼぼコインでしか購入できない飛騨地域ならではの裏メニューを発信する等、飛騨地域への旅行意欲をかき立てるユニークな取組みが功を奏している[34]。

　「まちのコイン」は面白法人カヤックが立ち上げたスマホアプリ式のコミュニティ志向型デジタル地域通貨で、小田原市や鎌倉市、高知市をはじめ執筆時点では23の地域で利用することができる[35]。まちのコインでは、スポットとして登録している加盟店や団体が体験チケットを発行し、ユーザーはその体験に参加することでコインを得たり、逆にコインを使って特典を得たりすることができる。なかには喫茶店の店主を見つけたらコインをもらえるという変わった体験も用意されており、「人と人が仲良くなっちゃう通貨」という

34　CNET Japan「3周年を迎えた飛騨高山の地域通貨「さるぼぼコイン」の次なる野望とは──飛騨信用組合・古里圭史氏」（2021年2月26日）
35　まちのコインウェブサイト

まちのコインのコンセプトを体現している。

　また、異業種が手を取り合って地域のために通貨を立ち上げた例もある。SBIホールディングス、九州電力、筑邦銀行の３社によるジョイントベンチャーとして設立された「まちのわ」だ。まちのわでは、地域と人をつなぐ情報プラットフォーム「まちの縁アプリ」を提供しており、そのなかではプレミアム付電子商品券での買い物、地域のイベント情報の配信、ボランティア参加者へのポイント付与などが可能だ。地域通貨は、決済手段の１つではなく、その地域にあったかたちで継続的に経済活性化を実現できる仕組みを構築するための入り口である。まちのわの入戸野社長は、地域の企業を応援してあげようとか、ボランティアで頑張ってくれている人をサポートしようといった地域への「想い」が入ってくると、これまでの地域通貨とは違う新しい価値が生まれると期待している、と語っている[36]。このように、単なる通貨発行にとどまらず、通貨を起点に地域に関係する人が手を取り合って地域活性化を目指すことこそが、数あるデジタル地域通貨プロジェクトの根幹に存在する共通の目的であるといえる。いまは現金に比べてお得だからと利用する人が多いかもしれない。利便性においても利用可能店舗数などの面では現金には及ばない。しかし、地域通貨は利用者のwillが込められる新しいお金であり、人と人がつながる社会を実現するための重要なツールとして今後も機能していく可能性を秘めている。

36　オクトノット「"つながり"が地域を変える　まちのわ入戸野社長と語る地域DXの未来」（2022年7月11日）

▌Digital by Default──デジタル前提の社会における新たな「お金」の機能とは

　日本銀行では「お金とは何か」という問いに対して、「誰もが『ああ、それが手に入るなら交換に応じてもよい』と思うもの」と定義している[37]。お金がもつ3つの機能として、もち続ければ富を蓄えられる「価値の保存機能」、お金を媒介してさまざまなモノを決済できる「交換機能（決済機能）」、商品やサービスの値打ち、価値を決める物差しとしての「価値の尺度機能」がある。また、現金の特徴としては「匿名性」「不特定性」「代替性」があり、これらの特徴があるおかげで、現金は入手が容易になっている。こうした機能は普遍的なものであり、一朝一夕に変わるものではないが、その形態や利用方法はテクノロジーの進展により大きく変わりつつあることがうかがえる。ここでは、こうした変化により新たに生まれている「お金」の価値を整理してみたい。

- ●デジタル化で生まれた「お金」の価値
  - ① 情報の可視化・価値の精緻化の実現
  - ② will＝想いを込められる（目的や対象を限定できる）
  - ③ 非中央集権型のやりとりが可能に

情報の可視化・価値の精緻化の実現

　私たちの財布に入っている紙幣や硬貨をいくら眺めてみても、発行された年はわかっても、そのお金がどのように使われて自分の手元に来たのかをうかがい知ることはむずかしい。仮に盗んで手に入れたお金であったとしても現金自体にその履歴が残ることはない

37　日本銀行ウェブサイト「決済と決済システムを理解するためのキーポイント」

し、たとえば財布のお金を自動販売機で飲み物を買うときに利用したとしても、本人が意識的に家計簿をつけない限り、その履歴が残ることは決してない。給与として手に入れた一万円札と、結婚式のご祝儀でもらった一万円札は、ご祝儀袋など、授受する形態は異なるものの、お金としてはどちらも1万円分の同等の価値である。

このように、紙幣や硬貨はそもそも新たな情報を込めるのがむずかしい形態となっているが、これは、お金の成り立ちを考えればむしろ当然のこととともいえる。お金というものがなかった時代、米や魚、塩など、自分の欲しいものと相手のもっているものを交換する物々交換が行われていた。しかし、その米と魚は価値が同じものとして交換してよいのか、という交換の妥当性が検証できないうえ、自分の欲しいものと相手が交換したいものがあわないことがあったり、手に入れられたとしても魚が腐ったりするとその価値を失うというような物の価値が減退してしまう課題があった。そのため、これらの課題を解決するために登場したお金は、一定の価値（一物一価）でスピード感をもって効率的に交換できることに重きが置かれている。運びやすい、腐らない、小分けにできるといった現在の貨幣の原型はこうした価値観のもとで最適化されたものであり、その他の機能を盛り込むようには設計されていない。紙幣は鋳造貨幣より後に登場しているが、これも重たいコインを運搬する不便さを理由に誕生しており、込める価値としては大きく変わらないととらえてよいだろう。過去には、ドイツ人の思想家シルビオ・ゲゼルのように、減価する貨幣を提案し、流通を促進しようとしたケースもあるが、一定の期間ごとに紙幣に一定額のスタンプを貼ることを使用の条件とすることで通貨の退蔵を防ぐその仕組みが一般化することはなかった。現在でも、世の中の多くのモノ・サービスは一物一価の価値観で価格づけがなされている。この仕組みは価値交換のス

ピードを高めた半面、米が欲しいから魚を差し出す、といったシンプルな価値取引をブラックボックス化しているということもできる。

こうしたお金の限界が、テクノロジーにより変化しつつある。現状における視認性の良し悪しや解像度はここではさておき、デジタル決済は基本すべて電子データとして記録されている。先ほどの例でいえば、キャッシュレスで自動販売機の飲み物を購入すれば、利用したアプリなりカード会社の明細で、そのお金をどこで何の購入に使ったのか把握できる。昨今では、多くの人々が家計簿アプリを使って自らの収支を以前よりも簡単に可視化できるようになった。これらのデータを寄せ集めれば、日本円に係るお金の動き、すなわち経済活動を論理的には把握することができる。

このような現在の状況を、イェール大学の成田悠輔教授は、石や紙の台帳が経済活動のほとんどを記録していた太古への先祖返りである「デジタル村落経済」と名づけている。これまでは「個人ごとに履歴をたどりその物やサービスを手に入れるに値する人かどうかを判定することがデータ的にも計算量的にも難しい」（2022年10月31日付日本経済新聞）からこそ、お金に込められる価値は限られていたが、デジタル化によりこの制約が解消されつつある。

このような一物多価の世界をいち早く実現した事例としてあげられるのがダイナミックプライシングだ。身近なところでは、航空券やホテル、テーマパークのサービス価格が年末年始、夏休みなどの繁忙期（オンシーズン）とオフシーズンとで異なることはよく知られている。こうした商品やサービスの需要によって料金を変動させるプライシングの仕組みは、AIやIoTなどのテクノロジーの登場で、より緻密に行うことが可能となってきた。スーパーマーケットは、現在でも閉店近くになると「見切り品」シールを商品に貼るような

ダイナミックプライシングを実施しているが、一つひとつの商品に電子タグをつけて、顧客動向データや食品の鮮度等からリアルタイムで最適価格を導くことも、将来は一般的になるかもしれない。

このように、「デジタル村落経済」が進行し、ダイナミックプライシングのように物の価値の精緻化が進むと、究極にはお金は価値基準の判断のみに使われ、交換を仲介しない世界が実現される、ということが起こりうる。つまり、現代における物々交換の復活である。

また、もう1つのポイントとしては、主にブロックチェーン界隈でいわれる自動プログラム化がある。こうしたお金はプログラマブルマネーと呼ばれ、たとえば、返済の執行などをブロックチェーン上にルールとして定義し、一連のお金の動きを自動化することで運用コストを削減することが期待されている。

このように、デジタル化の進展により、お金にさまざまな情報や価値をより精緻に記録し、動きそのものを自動化することも可能となってきている。これまでは計算量が多すぎて解けなかった問題が量子コンピュータのようなテクノロジーの進展により解けるようになると、価値を一元化しなくてもよい未来が実現するかもしれない。こうした透明化の流れは、ひいては逆説的にお金が要らない世界（成田教授のいう「太古への回帰」）を実現しようとする動きともいえるだろう。一方で、すべての価値を可視化する動きは、お金の特徴である匿名性に反しているともいえる。インドで紙幣の匿名性を利用しての汚職・偽造が蔓延し、高額紙幣が廃止になったのは有名な話だが、中国の信用スコア格付のような、ビッグブラザー的世界観を助長させる可能性があることも触れておかなければならない。

will＝想いを込められる（目的や対象を限定できる）

　デジタル化によって実現できるのは、過去の記録に基づいての情報の精緻化だけではない。もう１つのポイントは、自らのwill＝想いを込められることだ。先に触れたように、お金がもつ機能に価値を決める物差しとしての「価値の尺度機能」があるが、この機能によって、人々は互いに相手のことを知らなくても価値を交換することができる。相手が敵でもまったくの他人でも、お金さえ払ってくれればそれでよい、という世界は円滑な価値交換を生み出す半面、記号だけのやりとりとなる無味乾燥なコミュニケーションを本能的に嫌う人も少なくない。「お金で買えない価値がある」というカード会社の有名なキャッチコピーがあるが、そういったプライスレスなもの、たとえば人とのつながりや信頼関係、共感といったものを、（逆説的な言い方になるが）デジタル化したお金に込めようという動きが出てきている。

　2020年７月からサービス開始した共感コミュニティ通貨「eumo（ユーモ）」は、コンセプトを「円から縁へ　交換から共感へ」としており、デジタル通貨にギフトとメッセージ機能が付いている。アプリ内で自分が好きなお店で「ありがとう」などのメッセージや感謝のチップを付与したかたちでeumoを使うことが可能となっている。また、eumoは、こうした取引を、従来の電子マネーの「合理的な取引」と比較して「情緒的な取引」と位置づけているが、このような共感の醸成は、従来の現金では実現がむずかしかった機能の１つと考えられる。

　YouTubeなどのオンラインコンテンツ配信の閲覧で配信者に対して行うデジタル投げ銭も、お金にwillを込める１つのかたちといえる。こうした動きは新型コロナウイルスによるオンライン化でますます加速した。コロナ禍でさまざまなリアルなイベントが開催で

きないなか、デジタル投げ銭でパフォーマーに応援の気持ちを伝える人が増加した。こうした応援自体はたとえばチケット購入のように現金でも実現可能だが、1つ目で指摘した情報の可視化により、willも可視化かつ共有しやすくなっているため、より盛り上がりやすい傾向にある。好きなアーティストの公演を観るためにチケットを購入し、全国各地を回ったとしても、その想いの強さは自らがSNSで投稿でもしない限り可視化することはない。しかし、デジタル投げ銭の場合をとっても、多く投げ銭を行ったファンはよりコメントが表示されやすくなる機能があるように、配信者に対して自らの応援の気持ちの大きさを投資額の大きさで他者に見せつけることも可能である。

　一方、2019年、京都仏教会が賽銭や布施といった宗教活動に係るwillをキャッシュレスで支払うことに、信教の自由から反対した動きもある。自らのwillをつまびらかにしたくない、という欲求についてもあわせて考えていかなければならないだろう。

　willを込められる、というのはお金を使う目的や対象を限定することができるともいえる。2021年に話題となったBNPL（Buy Now Pay Later）に続いて注目されているSNPL（Save Now Pay Later）は、希望の商品を手に入れるためにお金を貯める目的を設定し、積立が目標金額に達すると商品を購入できる仕組みだが、SNPLという形態をとっていないにせよ、このような「目的別貯金」をうたったアプリは昨今少なくない。これまで普通口座に預金しているだけのお金に「目的」という色を付けているイメージだ。いまでも家計管理のコツとして頻繁にメディアに登場する「袋分け家計簿」は、生活費の予算となる現金を封筒などに振り分けて、一定期間その金額でやりくりする仕組みだが、こうしたアプローチをスマホなどのデジタル上で実現するかたち、といってもいいかもしれない。

非中央集権型のやりとりが可能に

　ブロックチェーン技術により、システムの相互接続・相互運用が容易になり、国や金融機関といったこれまで当たり前であった特定の組織を越えたヒト・モノ・カネの情報・機能の連携と、信用コスト、仲介コストの低減が期待されている。DeFi（分散型金融）のような特定の仲介者や管理主体を必要としない仕組みは、いまだ投機的側面が強く、課題も山積みではあるものの、その理念に期待する向きは大きい。そこには、単純に仲介者を省略するほうがコストがかからない、という利用者観点の話だけではなく、先に示した、究極は物々交換のような世界観への憧憬もみてとれる。

　また、昨今のデジタル地域通貨（地域デジタル商品券を含む）のブームは、特定の地域内で流通させることにより、地域経済の活性化を目指すその姿勢と無関係ではない。地域通貨は、それを使う人たちのなかで合意した価値の尺度に基づき、自治体や商店街など限定された地域内での消費活動を活性化し、経済活動を促すことを目的としている。最近では、コロナ禍で落ち込んだ地方経済を活性化させる手段としても注目された。海外に目を向けると、スイスの地域通貨「WIR」のように、WIR銀行が発行主体となり、資金繰りの厳しいスイス国内の中小企業に対し、法定通貨での融資よりも低金利でWIR建ての融資をすることで、中小企業間相互の流通が可能となり、地域内循環に成功している事例もある。

　ただし、地域のなかで経済が回ることのメリットを個人では理解していたとしても、キャッシュレス決済を展開する大手事業者の付与ポイントの魅力に勝てず使われなくなる、というジレンマもあり、結局のところ、企業との体力勝負に陥りがちである点には留意が必要である。地域通貨の取組みは、貨幣の供給量が絶対的に足りないのなら効果的であるが、金融緩和が続く現状では円の利便性に

はなかなか勝てないというのが実状だ。地域通貨によるエコシステムを継続・拡大させるには、事業者間での地域通貨を通じての取引やデジタルマネーでの給与支払など、経済的循環をもたらす仕組みづくりが前提となる。

　こうした状況のなか、消費者（地域住民）だけではなく、投資家サイドも含めてのビジネスモデル構築が試みられている。地域外に在住しているその地域の出身者や、地域で働いたことのある人、あるいは旅行で訪問したことがある人など、なんらかの理由で地域に思い入れのある「関係人口」と呼ばれる人々も巻き込む取組みで、身近なところだとふるさと納税もその例としてあげられる（ふるさと納税の仕組みには、地方創生の観点で課題があることも指摘されているが、ここでの論点ではないため割愛する）。クラウドファンディングのような仕組みも、ここ数年でかなり一般化した向きがある。

　ブロックチェーン技術を活用しての資金調達方法（ICO：Initial Coin Offering/STO：Security Token Offering）を使い、地域に財源を集める仕組みも、国内外で試みられている。たとえば、岡山県の西粟倉村においては、日本の地方自治体で初めてICOで資金調達する意向を発表し、メディアアーティストの落合陽一氏が『日本再興戦略』で取り上げたことも手伝い話題となった。これまでは、地域への投資というと、ある程度まとまった額が求められ、個人レベルでは「ちょっと応援」ができにくい状況にあったが、ICO/STOのような仕組みを使うことで、小口化により従来の発行／事務コストを削減して、多数の個人から少額ずつ集めるモデルも可能になった。「その場限り」の傾向が強いクラウドファンディングよりも、投資家と長期的なリレーションを築きやすいというメリットも注目されている。

　先に円の利便性にはなかなか勝てない、と触れたが、低金利のな

か、どちらの金融機関に預けても大した利子がつかないのなら、地域や社会に貢献できるようなかたちでお金を使いたい、という意欲をもつ者も一定数存在するはずである。儲けを第一とせずとも地域に貢献できるだけである程度満足する、という投資家に対して、リターンの一部を地域通貨で支払うことは十分考えられるのではないだろうか。日本の歴史を紐解けば、戦国大名の領国貨幣や江戸の各藩で利用する藩札など、これまでにも地域内で流通するお金は存在していた。近年のテクノロジーの進化のなかで先祖返りし、あえて法定通貨と交換不可能なかたちをとるデジタル通貨のスタイルは、ステーブルコインのような法定通貨と連動するお金と併存して残り続ける可能性がある。また、その「地域」自体も現実社会に制限されるものではないため、結果として国土や政府といった概念を越えたユニバーサルマネーのような色合いをみせる可能性も否定できない。

■ Digital by Defaultにより起こりうる「お金の未来」とその影響

未来のお金で描かれる世界

　ここまで、デジタル化の進展により「お金」の役割や価値が変わりつつあることをみてきた。いますぐに現金の流通自体がまったくなくなるということは考えづらいものの、こうした動きは今後加速することはあっても減退することはない。近未来の社会はどのように変化しているだろうか。

――時は2045年、今年30歳となるひまりさんにとって、現金というのはどこか非日常を思わせるものとなっている。幼い頃、親世代はすでにQRコード決済を代表とするキャッシュレス決済を日常的に利用していた。両親は「現金の感覚は忘れないように」と、最初お

小遣いを硬貨で渡してくれていたが、それも年齢があがるとともにデジタル化した。ひまりさんが成長する間、何度か紙幣や硬貨のデザインは変わったと思うが、それがいつ、だれの肖像になったのか、もはやひまりさんはあまり思い出せない。両親の心配をよそに、現金の感覚がわからなくなって困った経験はない。

　遠方に住む祖父母はお年玉をお年玉袋に入れて、現金で渡してくれたが、ひまりさんはそれを途中からアプリの「思い出貯金」に入金するようになった。このアプリでは、お金を思い出とともに記録することが可能となっており、お年玉以外にも、お祝いでもらったお金や初任給などをメッセージや思い出の音楽などと一緒に貯金している。こうした思い出を友人とシェアすることもたまにある。

　ひまりさんは普段日用品の買い物は現実社会／オンラインの両方で行っている。現実社会では、主に近所の食料品店に行く。昔、両親は買い物の支払でよくスマートフォンや財布を出していた記憶があるが、そういったものを出して買い物する世界は、ひまりさんにとってまったくなじみがない。幼い頃からよくYouTubeをみて楽しんでいたため、スマートフォンはまだ理解できるものの、財布という概念が理解できない。昔はお金やカードなどを持ち歩くために財布があったということを聞いている。いまでは買いたいものをバッグに放り込んで店を出れば、支払が完了していることが普通だ。生まれた頃は、こうした技術は画期的だといわれていたというが、むしろいまだに買い物のつど支払をする人はいないのではと思う。

　モノの値段は、自身のこれまでの購買履歴やお店の売れ筋、そして自身の購買力（どれだけ質のよい「お金」をもっているか）、自身がそのモノをどれだけ欲しいのか、などによって変化することが当たり前のため、同じモノでも個々人で値段が異なるのが普通である。昔は節約術なるものが流行ったというが、自らの稼ぎや貯蓄状況を

ふまえて、自身が購入すべきモノをAIが提案してくれるため、節約に苦労したことはない。AIの提案が正しいものかは疑うべき、と年配者からいわれることはあるが、特に意識しなくても生活できているので問題ないとひまりさんは考えている。

モノの値段はスマートフォンか、自身の身に着けるARグラスやコンタクトレンズ上に表示される。ARグラスを着けることは、ひまりさんも最初は多少違和感があったが、最近ではスタイリッシュなものも増え、すっかり日常生活になじんだように思う。いまではいちいちスマホを取り出していた面倒さが考えられない。ハイブランドのARグラスも人気で、今度買い換えようか考え中だ。

オンラインにおいては、仮想空間で買い物をすることが多い。オンラインだとモノの質がわからない、試着をしたときに似合うかわからない……、というような欠点をあげる年配者は多い（私の両親もそうだ）が、ひまりさんはそういった不自由はまったく感じない。なんなら、現実社会の場合より商品に対する情報量が多く、判断を助けられるケースも少なくないように思う。同僚のなかには、すべて仮想空間で買い物をすませる者もいる。決済もシームレスに行われるし、配送に時間がかかるわけでもないため、そうすることをひまりさんも理解できる。友人は、アバターの自分のほうが買い物をするうえでは自然に振る舞えるので、なるべく仮想空間で買い物をするそうだ。ただ、ひまりさんは実際の店舗を歩き回り、体験する価値を重視している。まだ少し仮想空間に、現実社会とは違う違和感を抱いているのかもしれない。しかし、早晩こうした溝は埋まっていくだろう。近所でも、店舗を閉めるケースは珍しくなっている。現実世界に店舗を構えるのは、両輪で価値を提供できる、体力のある企業に限られているようにみえる。

また、ひまりさんは日常的にC2C（Consumer to Consumer）取引も

行っている。先日は自分には似合わなかった口紅と、ケーキを盛るのにぴったりのデザートプレートを交換した。以前は、自分の出品したものに値付けし、だれかに買ってもらうフリマアプリが隆盛を極めていたと聞いているが、現在はモノの価値づけが厳密にできるようになり、直接物々交換することが可能になった。わざわざお金を使う手間がないので、ひまりさんはこのやり方が気に入っている。

　昔、両親が支払をする際は（一部先端的な取組みを除き）それはすなわちその国の通貨で決済することを指していたそうだ。日本では「円」というものがベースになっている、というのは頭ではなんとなく理解できるが、普段それを意識することはない。ひまりさんは普段いくつかの「お金」を使い分けている。地元で使うためのお金、ある仮想空間で使うお金、趣味のコミュニティで使うお金など。各々のお金は、使われる範囲とその目的が明確なので、自らの意思表示の意味も込めて使っている。もちろん、このあたりの厳密性は個人によっても異なる。もっと細かく使途別に使う「お金」を分けている人もいれば、昔のように、１種類のお金を使い続ける人もいる。

　ひまりさんに、お金とは何だと思いますか、と尋ねると、うーんと首を傾げた。たしかに、日常的に買い物をするなかで、いまでも最終的にお金につながっていることは理解できるし、自らの給料もまだお金ベースなので、お金をもっている量が多ければ、それだけ自由度の高い生活が送れるというのはなんとなくわかる。しかし、「お金持ち」という表現はもはや死語ではないか、とも思う。実際に自分がもっている価値というのは、何かのモノだったり、信頼だったりに姿を変えて自らの周りにあるものも含んでおり、そういった価値を厳密に価値づけできる現在、お金はそのなかの１つに

すぎないのではないか。そして、その姿は現在限りなく私たちの生活で意識されることなく透明化しており、現実社会で目にすることもほとんどない。だから、「お金とは何か」と聞かれると、むずかしいんですよねー。ひまりさんはそう答えると、インタビューの報酬として「Foresightコイン」を受け取って、仮想空間上からログアウトしていった。

SECTION 5 | 「お金の未来」における 銀行の役割とあるべき姿

■ 銀行のビジネス構造とその役割の変化

　ここまで示した未来の世界は、あくまで私たちの想像にすぎない。しかし、このような世界が実現した場合、バンキング機能はどう変わっているのだろうか、ということを考える必要がある。全国銀行協会は銀行とは何か、という問いに対して以下のように整理している[38]。

●お金を安全に保管、管理する

●お金の預金という運用手段を提供する

●お金を貸し出す（個人／企業などの資金調達機能）

●お金を決済する（振込み、手形・小切手、電子記録債権など）

　この機能それぞれが、未来の世界ではどのように変わっていくだろうか。1つずつみていきたい。

38　全国銀行協会ウェブサイト「教えて！　くらしと銀行　経済社会の心臓として銀行が担う役割」

お金を安全に保管、管理する──サイバー犯罪への対応が必須に

　銀行がお金を預かることで、火災・盗難などのリスクを回避でき、自分で金庫や警備システムを設置するコストも不要になるといわれているが、これは現金が存在する前提でのメリットの1つといえる。

　私たちはあまり意識していないが、金融機関がお金を保管・管理するには当然コストが発生する。ゆうちょ銀行が窓口やATMでの現金の取扱いに手数料を設定したことは話題となったが、これは現金取扱いにおける作業負担とATMや両替機の維持費が重くのしかかっていることの裏返しである。最近は金庫レスの店舗も珍しいものではなくなり、ATMへの現金補充・回収を効率的に行うことで、多くの現金を店舗にもちすぎない仕組みも工夫されている。金融機関の店舗をねらった強盗事件は減少を続けており、ニッキンによると、2021年の発生件数は、20年前のピークに比べて96％も減少しているという[39]。ニッキンでは、この理由に営業店の防犯体制の強化と検挙率の高さをあげているが、それに加え、こうした手元に置く現金の減少も影響しているのではないだろうか。

　しかし、キャッシュレス決済が進む一方、国内で流通する現金の量はむしろ増加している。これは日本に限らず、世界的な傾向であると岩下直行・京都大学教授は指摘している[40]。この背景として、岩下教授は2008年の「リーマンショック以降の金融不安や預金金利の低下により、人々が現金保有を選好するようになったことが挙げられる。日々の決済には電子決済が用いられるが、富を蓄積する手

39　「金融機関の強盗事件、21年はピーク比96％減　防犯態勢強化で」（ニッキンONLINE、2022年2月9日付）

40　いよぎん地域経済研究センター「調査月報「IRC Monthly」」2022年6月号

段として現金が使われる度合いが高まった」と説明している。この動向をふまえると、今後も「お金のデジタル化が進むこと＝流通する現金が減少すること」といった単純な社会的効率化は進まない可能性があるため、お金を安全に保管・管理する役割がお金のデジタル化で直ちに消失することはないだろう。しかし、長期的な目線でみれば、こうした富の蓄積に現金を用いることそのものは、デジタル金融が進めば進むほどその意味を失っていくことは自明であるため、徐々にその役割は別のアプローチに変わっていく、という説明が適切と考えられる。すなわち、お金がデジタル化した場合、保管・管理する役割はどのように果たされるのか、という観点で整理する必要がある。

　まずは単純にATMの設置台数はさらに減少すると考えられる。すでに、新たに口座を開設した場合は紙の通帳発行に手数料を設けたり、既存顧客にはインターネット通帳の利用を促し紙の通帳を発行しないケースは珍しいものではなくなっている。全国銀行協会によると、都市銀行のATMは、2021年9月末に約1万9,800台と、5年前の2万6,200台から24％減少している[41]。ATMは設置・維持コストが高いため、銀行のコスト削減対象として真っ先にあげられることからこうした現在の数字につながっていると考えられるが、現金の減少がこうしたコスト削減要請よりもATM動向に大きなインパクトを与えうるだろうということは容易に想像できる。

　次にこのテーマでみたいのが、特殊詐欺のほか、フィッシングなどのサイバー犯罪の認知・検挙件数だ。警察庁によると、2020年中の警察によるサイバー犯罪の検挙件数は過去最多であり、そのなかでもインターネットバンキングに係る不正送金事犯の発生件数・被

41　全国銀行協会「決済統計年報」2021年版、2016年版

害額は引き続き高水準で推移している[42]。件数は1,847件にのぼり、これは不正アクセス行為の認知件数のうち65.8％を占めており、決して少なくない件数であることがわかる。その被害の多くは、金融機関等を装ったフィッシング（銀行等の実在する企業を装って電子メールを送り、その企業のウェブサイトにみせかけて作成した偽のウェブサイトを受信者が閲覧するように誘導し、当該サイトでクレジットカード番号や識別符号を入力させて金融情報や個人情報を不正に入手する行為：警察庁解説より抜粋）によるものとみられている。先に金融機関への強盗事件の件数は減少傾向にある、と触れたが、これらの統計データからは、お金をめぐる犯罪が現実世界からデジタル空間に舞台を変えていることがうかがえる。また、現実世界の強盗事件は2001年の229件がピークだといわれており、その件数規模も現実世界に比べ大幅に拡大している。こうした金融をめぐるサイバー犯罪は、インターネットバンキングに限った話ではない。たとえばキャッシュレス決済のサービスを悪用したサイバー犯罪も多発している。スマートフォン決済サービスと銀行口座の連携時における本人確認方法の脆弱性を悪用した事例や、サービス利用時の本人認証として広く用いられているSMS認証を不正に代行し、第三者に不正にアカウントを取得させる事例等が発生している。

　このような背景をふまえると、お金を安全に保管・管理する役割を担うには、サイバー犯罪への対策が不可欠であることは論をまたない。デジタル世界では常に新しい技術が出現し続けるため、新技術を利用したサービスに対するリスクを把握するのが困難であったり、新技術を悪用した新しい攻撃手法が次々と出現するリスクが発生することを留意する必要がある。現金と比べ、さまざまなシステ

42　「令和3年版警察白書」

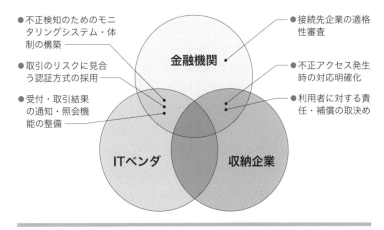

図表1－8　決済サービスの不正利用に対する対策案と実施主体案
出所：NTTデータ作成

ム・ステークホルダーが絡んでいることもあり、銀行がその役割を
果たす難度は以前とは比較にならないほどあがっている（図表1－
8）。金融庁は「金融分野におけるサイバーセキュリティ強化に向
けた取組方針」をアップデートするほか、サイバーセキュリティレ
ポートの発出や、金融業界横断的なサイバーセキュリティ演習を実
施するなど、その対応を続けており、こうした取組みやトレンドを
不断に把握することが必要となる。また、昨今では、各行バラバラ
に対策を行うかたちではなく、連携することでその負担を減らし、
役割を担保する動きもみられており、このような動きは今後も進む
ものと考えられる。

お金の預金という運用手段を提供する——CBDCや給与デジタル払いが機能の再定義を促す可能性

　先に岩下教授の論より引用したとおり、富を蓄積する手段として

の現金はむしろ増加している。このことからも、この役割も一朝一夕に消失することはないだろう。一方、CBDCのような法定通貨をデジタル化する試みはこの役割を揺さぶる可能性がある。多くの有識者が指摘するのがデジタル上の取付け騒ぎだ。ここでは麗澤大の中島真志教授の論をみてみよう[43]。1997年は、三洋証券、北海道拓殖銀行、山一證券、徳陽シティ銀行と多くの銀行や証券会社が破綻した年として記憶されているが、紀陽銀行では経営不安の風評被害により取付け騒ぎが発生し、数日で3,000億円の預金が流出したといわれている。銀行は預貸ビジネスで預かったお金を貸し出しており、当然手元に預金資産をすべて保持しているわけではない。よって、取付け騒ぎが発生すると、全預金を払い戻すことができる現金は保持しておらず、預金の解約に一時に対応することは困難であり、破綻してしまう可能性がある。とはいえ、窓口やATMの場合、預金を引き出すために物理的に対応する必要があるため、その分時間の猶予は残されているといえる。これに対し、銀行口座からネット経由で引き出せるCBDCの場合、短時間のうちに預金が大量にCBDCにシフトし、デジタル取付け騒ぎが起きかねないと中島教授は指摘している。「取付け騒ぎまでいかなくとも、銀行預金からCBDCへの預金移動が起きれば、銀行の貸出の原資が減り、貸出機能が低下するおそれがある」とも語っている。こうしたリスクを防ぐために、CBDCには入金額の上限が設けられると中島教授はみており、実際にバハマ中銀のCBDCは保有額と取引額それぞれに上限が設けられているということだ。このためCBDCは資産の保管先としてよりも、小口の決済手段として用いられる可能性が高まり、先に述べたような取付け騒ぎは起こりにくくなると考えられる。

43　ITmediaビジネスオンライン「いまさら聞けないCBDC⑵　CBDCがあれば銀行預金はいらない？」（2020年11月7日）

また、2023年4月に解禁された給与デジタル払いが、将来的に預金機能に影響を及ぼす可能性も考慮する必要がある。給与デジタル払いは、従業員の給与を現金・銀行口座への振込みで支払うのではなく、資金移動業者のアカウントに支払う仕組みである。2022年時点で検討されている仕組みは、決済事業者のアカウントの残高上限は100万円までとし、アカウント口座自体は個人の銀行口座とも紐づいており、供託や保険による労働者の資金保全も担保されている。そのため個人に対し大きな影響が及ぶ可能性は少ないが、今後こうした動きがデファクトスタンダードとなり、残高上限が上がるなどの制度変更があった場合、給与の銀行振込手数料の減少など、少なからぬ影響が発生することが見込まれる。

　日本では、労働基準法により会社による給与口座振込みに係る金融機関の指定は禁止されている。しかし実態は、入社時に特定の金融機関の給与口座を指定されることも多く、極端な物言いをすれば強制がまかり通っている。もちろん個々人で給与振込口座を変更することはできるが、ライフイベントで見直しなどが入らない限りそのまま日常的に利用する口座として使い続ける人が大半ではないだろうか。これはすなわち個人の意向によらずメイン口座を勝ち取ることが可能であることを意味している。従来、人はなんらかのメリットや相性を感じてサービスや商品を選ぶものであり、企業側も選ばれるべく努力をするものであるが、預金口座に関しては、こうした背景により、この競争原理があまり働いていない。給与デジタル払いをふまえて考えなければならないのは、振込手数料のような目先の影響ではなく、そもそもこうした預金口座のあり方がデジタルでどう変わるか、変えていくべきか、というところにあるのではないだろうか。今後デジタル給与払いの精緻化が進んだとして、銀行側は顧客企業の実態（稼働状況）をリアルタイムに把握して与信

を行うことも可能になる。顧客企業のデジタル面での実態把握は、現在中小企業DXの観点で各銀行で推進されているが、今後、お金のデジタル化の流れによりその把握の精度、内容も大きく変化すると予想される。こうした取組みは、デジタル時代の中小企業支援のベースにまずは中小企業のデジタル化があるように、昨今の電子帳簿保存法や電子インボイス導入に代表されるような、中小企業にとってのお金にまつわるデジタル化のベースがあってこそというのはいうまでもない。

　リテール面でいうと、昨今はデジタルバンクで利便性を高め、口座開設を促すケースも出てきている。利便性だけではなく、先にも触れた目的別預金など、お金を扱ううえでワクワクするような仕掛けを設けているのも特徴だ。子どもなど特定層へのマーケティングを強化し、口座を増やそうとするケースもある。また、環境・社会的価値・ガバナンスを重視して金融活動を実践するソーシャルバンクは、欧米を中心に従前からあった取組みであるが、ここ数年のSDGsのトレンドとしていまあらためて世界的に注目されている。ソーシャルバンクでは、預金をどういった企業に貸し出すかを明確にすることで、単にお金を仲介するだけではなく、多様化する預金者の意志／ニーズと企業の事業を結ぶ存在になっている。融資審査基準に収益性だけではなく、倫理的か、ESGに沿っているか、預金者の支持を得られるかといった項目を設けており、預金者側も、一定のリターンや元本の安全性に加えて、社会問題、環境問題の改善といった「社会的リターン」「環境リターン」を期待している。近年ではSDGs×デジタルバンクといった形態も登場しており、2020年に設立されたイタリアのグリーンデジタルバンクフロウェ（Flowe）は、地球環境に貢献するためのさまざまな機能を提供している。たとえばアプリを通じて植樹をしたり、買い物にかかるCO_2

排出量を比較することなどができる。主なターゲット顧客層は、ミレニアル世代以下の比較的若い世代だ。これらの取組みは、これからの銀行の預金機能を考えるうえでの1つの示唆となるだろう。

お金を貸し出す──資金調達はWeb3時代のトークンエコノミーも視野に

　銀行に預けられた預金は、お金を必要とする個人や企業、国・地方公共団体に貸し出される。このような資金調達機能はお金のデジタル化でどのように変わっていくだろうか。伝統的な資金調達機能としては、こうした金融機関からの借入れ（デット）と、ベンチャーキャピタルになどを引受先とした株式発行（エクイティ）がある。これらはいまでも主力の資金調達手段であることに変わりはないが、それぞれデメリットもある。借入れ（デット）は、将来的な返済義務を負うこと、金融機関の体力に左右されること、また取引コストがかかることなどがあげられる。株式発行（エクイティ）は、資本体力のないスタートアップには使いづらい、ベンチャーファンドや経済的に豊かな投資家でないと投資できない、といったものだ。こうした従来の資金調達に対して、先に触れたように、クラウドファンディングやトークンエコノミーといった新たな資金調達手段が登場している。

　それぞれのよい点や考慮すべき点をみてみよう。クラウドファンディングは、未上場企業の資金調達の場が広がることで注目された。投資する側としても少額で投資可能である気軽さも手伝い、継続的な資金調達へのフックとして有効とされている。一方、テストマーケティングやプロモーションなど、一時的な顧客獲得に使われるケースが過半を占め、本格的な事業立ち上げには向かない、といった意見も聞かれる。トークンエコノミーは、先に触れたICO/

STOによる資金調達も含まれるが、この例でもみるように、国や通貨に縛られないメリットがある。また、スタートアップのエクイティの使用価値がほぼ無価値である一方、トークンの使い道を増やし、現在の使用価値に応じての価格をつけることもできる。一方、資金の扱い方の解釈が各国によって異なることや、ボラティリティが大きいこと、第三者機関が不在であること、といった点については考慮が必要だ。

こうしたトークンを使った資金調達自体は、ブロックチェーン技術の登場とともに数年前からすでに注目されていたが、昨今のWeb3の盛り上がりにより大手証券会社があらためて力を入れている印象だ。現時点ではトークン評価のノウハウが十分ではない証券会社が多いが、こうした手段をもたないままだと、「トークンでの資金調達を主力とするWeb3企業には投資できなくなる」（SBIインベストメント執行役員副社長、2022年7月5日付日本経済新聞）ためである。暗号資産の相場は2022年大きく下落したが、トークンを使った資金調達環境自体はその影響を受けていない。一方で、日本ではトークンを発行・出資する環境が整っておらず、「企業がトークンを発行する際には会計基準が未整備で、発行企業が上場しようとしても監査法人が監査を敬遠する。トークンを投資・保有する場合にはそのトークンの含み益に対して法人税がかかる」（同日本経済新聞）といったネックがあり、Web3企業が海外に流出し始めている。この状況に危機感をもち、制度見直しへの議論も進められている。今後も、こうした現金以外での資金調達手段はWeb3だけではなく、さまざまなテクノロジーの進展により広がっていく可能性がある。そしてそのことは、従来の商習慣や、将来のビジネスにおいて主役となる企業も大きく変える可能性を秘めている。

一方で、これまでの資金調達機能の延長線でみていく世界とは別

に、そもそも銀行に資金調達機能が残るのか、という観点での検討も必要だろう。これまでの銀行を介する資金調達は、そうした仲介機能がないと成り立たないお金の仕組みだからこそいまも使われているといえるが、今後先にあげたお金の情報の可視化・精緻化で、貸し手と借り手で資金貸借に必要な情報の質と量が異なる情報の非対称性が減少すると、わざわざ銀行を介して資金調達する必要性は弱まっていくと考えられる。金融仲介機能は情報の精緻化だけではなく信用管理のためにも大きな意義があり、いますぐ直接金融だけになる世界は想像しがたいものの、こうした世界観においては、銀行には資金仲介機能よりも市場仲介やマッチング機能が求められるようになるだろう。また、いくら精緻化が進んでも、完璧な解を一発で導き出すのは、テクノロジー的にも金融工学的にもむずかしいと考えられ、そういったなかでプライスの妥当性をみたり複数解を精査したりする機能も残ると考えられる。以上のことから、銀行の資金仲介機能は、取引所で企業と購入者をつなげる証券のマーケットの世界により近づくともいえるかもしれない。

お金を決済する──決済機能は仮想空間にも広がる

　銀行は、振込み、手形・小切手、電子記録債権による決済や、公共料金、クレジットカードの利用代金などの口座振替（自動引落し）を行っている。この機能により、預金者は支払や受取りに伴う時間や労力、現金の運搬に伴う盗難の危険を回避することができ、遠隔地であってもすみやかに資金の受渡しができる（前出・全国銀行協会ウェブサイト）。これらは銀行口座を経由することを前提としているが、そうした前提を覆す事例としてよくあがるのはケニアのモバイル決済サービスエムペサ（M-PESA）だろう。エムペサ（M-PESA）は、相手の携帯番号、金額、あらかじめ設定した暗証番号などを

SMSで送信することで、任意の相手に送金できる仕組みである。爆発的に普及した背景には、ケニアにおける銀行口座保有率の低さ、銀行店舗の少なさがあったといわれる。治安にも不安があるなか、出稼ぎ先から田舎に多額の現金を抱えて運搬することはむずかしい。こうしたエムペサ（M-PESA）のモバイル送金の仕組みは、後の各国のモデルになったともいわれており、銀行口座がない状態から一気にデジタル化が浸透したリープフロッグの例としてもよく紹介される。昨今ではPayPayやLINEでの送金は珍しいものではなくなり、ほとんどのプラットフォームが取引に紐づく決済を提供している。デジタルアプリを通じて、従来の送金よりもはるかに速いスピードでの送金を実現しており、特に個人間の少額送金においては銀行口座の存在感は弱まっている。SWIFT経由の国際送金についても、その高いコストが金融機関への嫌気につながっているといわれている。ホールセール決済部分は、いま時点のリテール決済のデジタル化によって大きく変わる部分ではないが、全銀ネット（全国銀行資金決済ネットワーク）のクリアリングがバッチ処理であることや、複数台帳間のクリアリングが必要である現在の複雑化した構造をCBDCにより解決することが期待されている。クリアリングやセトルメントは、いわば「日本のお金に関する決済」と「お金以外のもの（外国のお金や債券や株式などの証券）に関する決済」が問題なく行われるようにするための仕組みともいえるが、今後データの精緻化が進めば、究極のかたち、こうした機能は縮小していく可能性もある。このような背景を受け、銀行の決済の役割は国家／民間のデジタル決済両面から圧力を受けるかたちで縮小していくだろうとみる向きもある。2022年10月、銀行口座間の個人送金を容易にする「ことら」のサービスが開始されており、動向が注目される。

即時決済・低コストを武器にしたお金のデジタル化は商取引を円

滑にすることや企業の資金効率の改善も期待されている。ステーブルコインを使えば、銀行の信用状、商品出荷時の船荷証券などといった従来の商慣習で紙を使ってきた取引をデジタル化し、書類管理コストを減らすことができる。スマートコントラクト（契約自動執行）で、商取引の信頼性を担保しながら契約のスピード感をあげることも可能とされている。この期待は、金融機関ではない事業会社が法定通貨や実物資産を裏付けに独自通貨を発行する動向からもみてとれる。自社の経済圏で完結したトークンを発行できれば、自分たちの資金流出の減少につながる期待もある。一方で、民間が独自通貨を発行することへの警戒感は、過去の米Meta（旧Facebook）の「リブラ（Libra）」騒動に現れている。通貨発行益を奪われる危機感により、リブラ（Libra）構想が世界の中央銀行・金融当局から猛反発されたことは記憶に新しい。法定通貨に鞍替えできる影響力があるかは未知数であり、課題も山積みではあるものの、リブラ（Libra）が世界共通通貨になりうる未来を描く海外メディアも一部みられる。

　また、決済で付与されるポイントが、疑似通貨としての存在感を増していることが指摘されている。野村総合研究所の調査によると、日本の企業のポイント発行額の規模は2019年に1兆円を突破している[44]。「家計が支出する消費額の総額が20年に約280兆円であることを考えると、マクロ経済へ影響が出る規模ではない」が、もともと「スタンプ10個で1個無料」のような紙のスタンプサービスの延長で、購入に対してのおまけの感が強かったポイントが、キャッシュレス決済の拡大やさまざまな店舗で使える共通ポイントの登場を背景に1ポイント＝1円で使えるようになったことで広く浸透し

44　野村総合研究所ニュースリリース「民間企業によるポイント・マイレージ年間最少発行額は2026年には1.2兆円を突破すると予測」（2022年11月2日）

た。法律上は、お金とポイントは別のものではあるものの、利用者側としてその境界線を実感することは少ない。昨今は、楽天やドコモに代表されるポイント経済圏で「ポイ活」と呼ばれる、よりよいポイント還元率を求める動きも消費者の間で広がっている。もともと、日本ではクレジットカードのポイントや航空会社のマイルを積極的に貯める文化が根強いともいわれており、昨今のポイント経済圏のトレンドも必然だといえるかもしれない。低金利の長期化で銀行に預けてもほとんど利息がつかない日本では特に、ポイントの有無が利用者の行動を左右する傾向があることを指摘されている。MMD研究所では[45]、2022年7月にポイント経済圏のサービス利用に関するインターネット調査を実施しているが、経済圏を意識していこうと考えた理由としてあげられるのは「ポイントが貯まる機会が多いから」「貯めたポイントが使いやすいから」といったポイントに絡むものがほとんどであり、そこで利用するサービスの内容そのものについてはそこまで関心が高くないことがうかがえる。ポイント経済圏は、自社経済圏のなかで顧客に一定の回遊を促す状態を実現している一方で、現在の各社経済圏における顧客にとっての主たるメリットが「ポイント＝利得性」となるため、事業者はその原資を負担するうえ、顧客はよりよいポイント還元率を求めて離脱してしまう可能性がある。ポイント文化は今後も広がっていくことが予想されているが、ポイントでつながる関係性が、果たして真の顧客エンゲージメントにつながっているのか、あらためて問い直す必要があるだろう。

　日本経済新聞では、ポイントが疑似通貨としての性格を強めれ

45　MMD研究所「経済圏を意識してサービスを利用している人は52.0％、前回より3.5pt増　前回調査と比べ意識している人が増加したのは「PayPay経済圏」で3.8pt増」

ば、利用者保護やマネーローンダリングなどの観点から注視する必要が出てくることも、過去不正アクセスで取得された航空会社のマイルが共通ポイントに交換され、ゲーム機などが購入された事例をあげて指摘している[46]。セキュリティ対策や犯罪の抜け道となるリスクを防ぐ取組みは、今後の規模拡大にしたがい求められるようになるかもしれない。

　また、今後は仮想空間などの発展に伴い、法定通貨とは異なる形式で価値をもつトークンの発行が増えることも予想されている。独自通貨リブラ（Libra）で痛い目を見た米Metaも、メタバースでの決済を視野に入れての「Meta Pay」を2022年6月に発表している。Metaは、Meta Payで今後目指す機能として、デジタル商品の持ち主の証明や、メタバースでの本人確認などもあげており、ゆくゆくは決済だけではなく、デジタルアイテム、IDを含めての管理機能をも視野に入れていることがうかがえる。

　現在のメタバースにおける決済方法をみていくと、メタバースにおける決済の場面は、「現実世界において保有する物品の購入」と「仮想世界において保有するデジタルコンテンツの購入」とに分けられる。「現実世界において保有する物品の購入」については、想定されるユースケースとして、アパレルの仮想店舗において試着を行い、商品を購入する場合などがあげられるが、この場合、現在は購入の段階でサービス外のECサイトに遷移するかたちが主流である。「仮想世界において保有するデジタルコンテンツの購入」に際しては、現在は独自通貨（メタバースサービス内通貨）や暗号資産等による決済、もしくはサービス外のNFTマーケットプレイス等でデジタルコンテンツを購入し、サービス内に持ち込むというかたち

46　日本経済新聞「おまけのポイント、今や疑似通貨　1兆円経済圏に膨張」（2022年11月13日付）

が主流となっている。法定通貨とは異なる形式で価値をもつトークンの発行は、この後者の決済のケースに関連する動きである。

　ただし、現在のメタバースにおける決済は、利便性、信頼性といった面で改善の余地がある。独自通貨は仮想世界のなかで稼いでも現実世界において価値を保証できないなどの理由から暗号資産に注目が集まる傾向にある。一方で暗号資産の利用については価格の変動や安全性が確立されていないといった面での懸念や、Wウォレット（ブロックチェーン上で発行されるトークンなどのデジタル資産を保有する場所）がないと始められないといった導入のハードルの高さなどが指摘されている。また、サービス外へ遷移して買い物をしようとすると、ユーザーエクスペリエンス（顧客体験）がいったん途切れるかたちになり、商品購入に手間がかかることに加えて購買意欲喪失につながる可能性がある。今後は、こうした課題をふまえて決済の仕組みを検討していくことが重要である。

　メタバースにおける決済が進展していくと、そこで収集できるデータはこれまでのリアル／デジタルの決済取引を上回るものになると予想される。膨大なデータを収集することができる一方で、個人情報保護やプライバシー保護、またサービス利用者意識への配慮といった観点からの考慮は不可欠となる。メタバースは、匿名性が高い環境で自由な自己表現を行える場として活用される面も大きく、行動ログの収集や、個人情報を明らかにすることに抵抗がある人が多い傾向にあるとも考えられる。欧州議会のシンクタンクが2022年6月に公表したレポート「Metaverse：Opportunities, risks and policy implications」のなかでは、データ保護に関して「メタバースにおいてVRヘッドセットなどで大量に収集されるデータは、一般データ保護規則（GDPR）上の機微な個人情報に該当するため、データの利用目的ごとに特別な注意と利用者の明確な同意が必要で

ある」と述べている。今後はメタバースにおける個人情報の取扱いやデータ収集範囲、収集・利活用に際する利用者の同意取得等に関するルール整備が必要になっていくだろう。また、安心・安全な金融取引を行うためには、データ収集・利活用のルールをふまえたうえで、不正取引監視やログ取得を行うことも必要となる。

決済時には、登録した決済情報をもとに、なんらかの認証手段を通してユーザーの本人性を証明・認証するかたちになるが、現実世界の人物と仮想空間のアバターがどのように紐づいているかわからないという特性上、メタバースにおいては本人確認の方法についても重要な検討ポイントとなる。

現状のメタバースにおける決済は独自通貨や暗号資産を用いることが主流であり、現実世界の国境が溶けた世界で皆が世界共通通貨を使うことが主流になる世界も想像できる。一方で、現在日本ではウォレットをもっている人口も少なく、仮想世界における買い物の際も、ユーザーが普段使い慣れている、法定通貨での決済方法が望まれる可能性も高い。トークンの発展と同時に、こうした揺り戻しも考慮に入れる必要がある。

金融リテラシーの高度化は必須

一方、私たち利用者側にはより高度な金融リテラシーが求められるようになる。先にあげた近未来の世界でも、お金の姿かたちは見えないものとなっていたが、程度の違いはあれ、それはキャッシュレス化が進む現在でも同様だ。小学生以下の世代は、現金をみる機会が減ることにより、お金は使えば減るという感覚を感じにくくなってきたとも指摘されている。こうした状況をふまえ、金融広報中央委員会では、キャッシュレスという「見えないお金」の知識や価値観を子どもに教える必要性を訴えている。一方で、保護者＝現

役世代の金融リテラシーとITリテラシーへの自信のなさによる「教える自信がない」という声が少なくないこともあげ、その背景には現役世代はこれまで金融教育を受けたことがないことが関係していると分析している。お金が大きく変わりつつある一方で、多くの日本人はこれまで金融リテラシーを身に付ける機会がなかった。日本で金融教育が進んでこなかった背景にはさまざまな要因があると考えられるが、1980年代から1990年代初頭にかけてのいわゆるバブル経済の経験も大きかったのではないだろうか。当時、財テクという言葉が表すように、株式市場や不動産市場はマネーゲームの様相を呈し、本来の実力を超えて上昇した。結末は既知のとおり、投資によって大きな損失を抱えた企業・個人投資家が続出したのである。こうした経験が「お金を増やすことは卑しい」「投資は危ないこと」といったイメージをつくり、お金について日常的に学ぶこと・話すことを忌避するムードを生み出したのかもしれない。また、ITリテラシーについても同様のことがいえるだろう。昨今ようやくリスキリングという言葉も聞かれるようになったが、日本人はIT知識が豊富とは言いがたい。北欧でキャッシュレス化が進んできた背景には、高いITリテラシーが関係しているとする指摘もある。エストニアは金融リテラシーのほか、2018年を対象としたPISA（学習到達度調査）では３つの領域（科学的リテラシー、数学的リテラシー、読解力）すべてにおいてヨーロッパ諸国中１位という結果を収めている。金融分野では、2013年から2020年をターゲットとした金融リテラシー戦略が進められており、今後も新しい戦略を継続していくという。また、エストニアといえばIT国家としても有名であり、教育分野も例外ではない。「e-Education」と呼ばれる生徒や保護者、教師などをオンラインでつなぐ仕組みがあり、生徒が自分の学習状況を管理するだけでなく、保護者も子どもの学習到達度を把握

して、教師と直接コミュニケーションをとることができるように
なっている。フィンランドにおける金融教育の歴史は長く、1990年
代から、金融と起業家精神の育成が基礎教育における教科横断型の
テーマとして位置づけられている。金融教育は、フィンランドの基
礎教育すべての科目にリンクする能力である「労働生活能力と起業
家精神」の一部としてとらえられており、学生が社会的・経済的に
独立した主体として自立していくことが目指されている。こうした
背景も関係して、昨今は日本でも子ども向けの金融教育・サービス
が拡大している。

■「お金の未来」から導く将来のあるべき銀行の姿と 1stSTEP

これからのバンキングに求められるもの

　ここまで、デジタル化を前提としたお金の未来と銀行ビジネスや
利用者への影響をみてきた。では、これからのバンキングに求めら
れるものは何だろうか。

● 金融サービスにおけるwillの体現

　デジタル化により、お金にwill＝想いを埋め込むことが可能と
なったいま、アカウンタビリティをもって預金者のお金を運用して
いくことが求められている。先に紹介した、預金をどういった企業
にどういうwillで貸し出すかを明確にしているソーシャルバンクは
1つのモデルであろう。こうしたソーシャルバンクの動きは、一部
成功している事例はあるものの、事業としては小粒で注力価値がな
い、というのが従来の金融機関の見立てであった。しかしいま現
在、投資ファンドのように最終的な数字の価値だけをよりどころに
せず、数字以外の価値を仲介し、目的をもって投融資するニーズは
よりいっそう高まっている。

こうした傾向は、顧客動向からもうかがうことができる。消費者の価値観が「所有」重視からよりよい「体験」を得ることに変化している、といわれて久しい。現在就職活動を行う学生は、給与や社会的ステイタスより、その会社が社会にどう貢献しているか自分らしく働けるか、などを重視しており、経済合理性とは異なる価値基準、ウェルビーイング（well-being）へのパラダイムシフトが起きている。また、世界的な新型コロナウイルスによるパンデミックで「つながり」の重要性が浮き彫りとなっており、こうしたニーズが仮想体験に対する需要や、ソーシャルメディアの利用時間増加につながっている。このような潮流のなか、企業は商品以外、ブランド自身の価値提供と魅力のアピールが求められているが、金融機関がこれにどこまで応えられているかは不透明だ。ファンベースカンパニーは、2022年2月に「ファン度」に関して、業界ごとに特性や傾向があるのかを、全国の20〜60代の男女に対して調査を行っているが（有効回答数：約75万）、菓子やビールがプロ野球チームと同じくらい熱狂的なファンを抱えているのに対して、金融機関の「ファン度」は最低レベルに落ち込んでいる[47]。平均点が低いのもそうだが、どこかは抜きんでて好かれている、というメリハリもない。これはInstagramなどのソーシャルメディアを連想すると、うなずけるところもあるのではないだろうか。ステルスマーケティングのような問題ははらむものの、消費財に関しては頻繁なやりとりが交わされているのとは対照的に、「○○の金融サービスを使ってみました」のような話題で盛り上がることは少ない。

　こうした金融機関の「ファン不在」の傾向について、これまでは「仕方ない」とされていたことが多かったのではないだろうか。金

47　ファン総合研究所「『ファン度』に関する業界調査を開始」（2022年4月27日）

融機関のお金に関するサービスは金利面以外などで差別化しづらく、菓子やビールのように気軽に購入できるものでもない。たしかにお金が額面どおりの価値しかもたなかった時代は、そのような諦めもいくらか同情をもって受け止められたかもしれない。しかし、これまでみてきたとおり、お金のデジタル化が進むことで、お金の情報を可視化したり、価値を精緻化すること、will＝想いを込めることが可能となった。金融機関は消費者に選ばれるべく、こうしたデジタル化したお金の特性を活かし、より柔軟性をもって、自らもwill＝想い、意志をベースにサービスを構築しなければ、完全にお金がデジタル化した未来に選ばれないのではないか。これは投融資だけにとどまらない。従業員、顧客、地域コミュニティ、サプライヤーなど多様なステークホルダーに対し、ファイナンスがエンゲージメントを提供することが求められる。2019年に英国中銀（イングランド銀行：Bank of England）は「Future of Finance」を公開し、デジタルや気候変動・人口動態の変化が、国民に大きな変革を強いる環境において金融機関がどのように行動すべきかの示唆を提示している。NTTデータ経営研究所では、この英国中銀のような視点を取り入れることによって、金融機関がパーパス（＝存在意義）を問い直し、新たな一歩を踏み出すことができると説く[48]。デジタル化の議論はともするとテクノロジーの観点から議論されることが多く、そこから議論を始めると実現技術などの手段やコストの話になってしまうが、経営者の視点はそこに置くべきではないと主張している。

● リアル⇔デジタル時代の信頼構築

お金のデジタル化に伴い、現実の社会環境にとどまらず、デジタ

---

48 「銀行、デジタル助言者に進化を　組み込み型金融⑦」（日経フィナンシャル、2022年2月16日付）

ル環境を含めての信頼構築がよりいっそう求められている。お金の
デジタル化で、これまでの現金ではブラックボックスであった、手
に入れるまでの経緯、それを使う目的や時期、そしてその金額の多
寡などがすべて可視化される。たとえば昨今議論が盛り上がってい
るソウルバウンドトークン（SBT：Soulbound token）は、信頼関係
や、たとえば学位や資格のような栄誉など、譲渡できない価値を取
り扱っており、だれかに譲渡するなど二次流通はできない仕組みと
なっている。SBTはウォレット上に保管される。SBTは今後、無
担保融資や自家用車の購入、賃貸審査などに活用することが期待さ
れているという[49]。物理空間で信頼の根拠となる、行政機関が発行
した身分証明書や勤め先がSBTが保管されたウォレットで代替さ
れるイメージだ。「これだけのSBTが付与されているウォレットを
捨ててまで、この程度の借金を踏み倒すことはないだろう」という
考え方で成り立っている。このように、お金に込められる情報が膨
大になるなかで、これまでのお金と同列に、銀行が預かる内容を語
ることはできなくなる。その情報や価値をまとめて預かるには現金
以上に強い信頼関係が必要となる。これは、昨今のSDGsやESGへ
の注目の高まりで、気候変動や人口動態の変化などの長期的な社会
課題の解決に貢献する「ステークホルダー資本主義」へのシフトが
始まっていることとも無関係ではない。

　こうしたなかで、これまで現実世界で監査・仲介・ルール策定を
行っていた金融機関が果たせる役割は少なくないはずである。昨今
の低金利などで金融機関自体の存在感の低下を指摘されることも多
いが、それでも銀行に対する私たちの信頼感は、他の事業会社に比
べて一段高いレベルにある。だれしも信頼の置けない会社に自分の

49　鈴木良介「ブロックチェーン上の新概念「SBT」とは　信頼関係を可視化する？」
（日経クロストレンド、2022年12月2日）

お金は託せないと考えるし、新規事業も、銀行がかかわっているならば安心して参加できる、という人、企業は多いのではないか。もちろん、すべてを銀行に集約することだけが解ではないのは、非中央集権型のやりとりが増えてきていることからも明らかだ。また、CBDCにより国と民間銀行に対する信任のバランスが変わることも予想される。

デジタル社会ではお金に関しての顧客データの蓄積が進むため、認証機能や個人情報保護の観点はよりいっそう求められるようになるだろうし、AMLのような犯罪対策やセキュリティ面での保護も表裏一体の話となる。よって、信頼構築は、テクノロジー面でのコンプライアンス対応強化を前提として成り立つといえるだろう。もともと、お金そのものはモノにすぎず、国家／政府の信任と、それに対する信頼がその価値を担保してきた。信任の主体が変わることはあるかもしれないが、このこと自体はお金が紙幣や硬貨のかたちからデジタル化しても変わらない。銀行は価値交換をする人たちの間での信頼とセキュリティを、現実世界と同様担保する必要がある。

未来を見つめての第一歩とは

このように、お金のデジタル化に伴い、銀行には、顧客接点でロイヤリティを高めるエンゲージメントと、コンプライアンス、セキュリティも含むリアル⇔デジタル世界の信頼構築が求められるようになる。ここまでみてきたように、お金のデジタル化により本来必要とされていた仲介機能が縮小したり、通貨を発行するなど、金融機関以外の民間企業が金融機能を用いてできることがさらに広がる可能性もあり、傍観の姿勢のままでは未来を描けないことは明らかである。とはいえ、すぐさま現金が消滅するわけでもないいま、

どこへ向かって最初の一歩を踏み出せばよいだろうか。選ぶゴールは2つある。

1つ目は、いま一度「社会から集めたお金を、社会が求める領域へ融通する」バンキングの根幹に立ち返り、お金がデジタル化した世界で顧客の困りごとに対してどのように向き合うか考え抜くことである。先に銀行はただ資金をつなぐだけではなく、市場仲介、マッチングが求められるようになるだろうと触れたが、テクノロジーがどれだけ進歩したとしても、目利きの必要は残り続ける。これを、現在のお金がドラスティックに変化する前提で考えることが有効ではないか。ワークショップなどで若手行員の意見を取り入れて検討することもよいだろう。

2つ目は、徹底的なテクノロジー集団になることである。今後影響の大きいセキュリティや認証分野でプロになり、金融業以外のプレーヤーも束ね、推進していく将来像に向けて、まずはその道の専門家とつながりをもち、内部にも有識者人材を増やしていくことが考えられる。海外大手行を中心に、すでにこういった動きはみられるが、競争はますます激しくなることが予想される。

Web3とは何か

Web3が注目される背景

はじめに

CHAPTER 1では、Web3がこれからの金融ビジネスの変革やお金の未来に大きな影響を及ぼす可能性があることについて言及した。ここでは、「Web3」という概念が登場するまでの変遷やその概要と特徴などをみていきたい。

Web3とは中央集権的なWeb2.0の課題解決を図る「分散型のインターネットの概念」

Web3は、分散型のインターネットの概念である。Web2.0における巨大テック企業への権力集中に対する批判から、「分散的」かつ「民主主義」的な手法で新たな経済システムを生み出し、それを利用者に分配する世界観を目指す動きがWeb3である。Web3の世界では、利用者は自身の個人情報を巨大テック企業に渡さないまま、検索やソーシャルネットワーキング、データ保存、金融などの各種サービスを利用できるとされる。巨大テック企業による個人情報流出事故やセキュリティへの懸念などの課題に加えて、ブロックチェーン技術に代表される分散処理技術の急速な発達などにより、従来の企業や社会のあり方を変容させる可能性があるとして、注目されるようになった。

ここで、Web3という概念が登場するまでのインターネットの変遷をみていく。インターネットは、第1世代のWeb1.0、第2世代のWeb2.0、第3世代のWeb3という順で進化を遂げている。

Web1.0は、インターネットが普及し始めた1990年代のWebを指す。この時代のウェブサイトは、htmlを用いたテキストサイトが主流で、テキストの閲覧や検索といった一方向のコミュニケーションが中心であった。インターネット接続によって、世界中の人や企業、組織が作成したホームページに、どこからでもアクセスできるようになり、人と情報のつながりが実現した。しかし、バラバラに存在するホームページは、そのURL（Universal Resource Locator）を知らなければアクセスできず、情報の存在や場所を知るのがむずかしかった。発信する側の数も少なく、個人のホームページも限られた人しか作成していなかった。コンテンツは大半が読み取り専用で、情報発信者と閲覧者はメールなどでのコミュニケーションはとれるものの、インターネット上での双方向的なやりとりはほとんどできなかった点が特徴である。この時代に検索エンジンが登場し、GoogleやYahoo!が検索ポータルを提供したことで、ホームページや情報の発見を容易にした。さらに、広告主から広告料をとる広告モデルによってユーザーへのサービスを無料にしたことで、ユーザー数を急速に拡大しプラットフォーマーへと急成長した。また、インターネットは商品の販売、すなわちEC（Electric Commerce：電子商取引）にも活用された。販売する商品や店舗の情報は検索エンジンによって知らされるほか、商品と情報をまとめて提供する仲介者も現れた。Amazon.comは、本のネット販売から始め、さまざまな商品やサービスを提供するプラットフォーマーへと急成長した。このように、Web1.0では企業や個人のホームページや電子メールを送信・受信するためのメール専用ソフトが登場し、それらに係る情報分散の課題を解決するために、検索や仲介サービスといったかたちでサービスの集中化が始まったことがプラットフォーマーの出現を促した。これらのツールはいまでも多くのユーザーに

使われ続けているものの、Web2.0の登場やスマートフォンの普及により、Web1.0で利用されていたツールは主流のものではなくなっていった。

　2000年代に入り、Web2.0が登場する。Web2.0はTwitterやYouTube、Facebook、InstagramといったSNSの普及により、Web1.0では実現不可能であった情報発信者と閲覧者の双方向的なやりとりが可能となった時代を指す。インターネットの通信速度が高速になり、さらに容量の大きなデータもやりとりできるようになったため、画像や動画などのアップロードも容易となった。多くの人がさまざまなコンテンツを「シェア」するようになり、利便性の高いサービスが提供・利用されるようになった。

　Web2.0の普及によってだれもが自由に情報を発信できるようになり、それに伴って一部の企業におけるサービスのユーザーは爆発的に増加することにつながった。サービスの利用者が増えるほど、サービス利用時にユーザーが登録するアカウント情報、検索履歴などプラットフォーム内での活動ログといった個人のあらゆる情報が巨大テック企業に集中するかたちとなり、情報が集まるほど影響力は増し、市場を独占していった。こうした流れのなかで、ユーザーの個人情報や活動ログなどのデータが適切に管理されているかといった点や、大手企業各社のビジネス構築、分析のために無断で利用される可能性などの懸念が指摘されるようになった。さらに、不特定多数の個人情報が特定の場所に集中する中央集権的なWeb2.0の情報社会では、サイバー攻撃による情報漏えいや、個人情報に加えて権力や富が一部の企業に集中したことに対する批判や懸念が強く認識されるようになっていったのである。

　情報の独占などWeb2.0の抱えるリスクや問題点が解消できると期待されているのが、Web3である。Web3では、「分散型ネット

ワーク」の仕組みをブロックチェーン技術により実現することで、中央集権型ネットワークの問題を解決することを目的としてつくられている。分散型ネットワークを簡単に言い換えると「だれでも閲覧・検証が可能なネットワーク」となり、情報資産を相互に監視できる多方向のコミュニケーションが実現されるのである。つまり、Web3では巨大テック企業のような仲介者による監視が不要となるのである。また、分散型ネットワークによって、データの改ざんや不正アクセスをいち早く検出し、プライバシーを個々で守りやすい仕組みをつくることが期待されている。

なお、「Web3」と「Web3.0」は同義ではない点は留意が必要である。「Web3.0」は、「Web2.0」の延長線上にあるセマンティックWebを指す。セマンティックWebとは、Webページに記述された内容について、それが何を意味するかを表す「情報についての情報（メタデータ）」を一定の規則に従って付加し、コンピュータシステムによる自律的な情報の収集や加工を可能にする構想である。1998年にWeb（WWW：World Wide Web）の創始者であるティム・バーナーズ・リー（Timothy J. Berners-Lee）氏が提唱し、同氏の主導するWeb関連技術規格の標準化団体W3C（World Wide Web Consortium）内のプロジェクトとして推進された。その後、イーサリアム（Ethereum）の共同創業者であるギャビン・ウッドが2014年に提唱したアイデアで、「ブロックチェーンに基づく分散型オンラインエコシステム」として「Web3」を定義した。現在注目を集めているWeb3は後者を指している。

Web3においては個人に主権が戻る

個人情報等のデータは自己管理

Web2.0では、個人情報や購買履歴等のデータを提供することで、

巨大テック企業が提供するさまざまなサービスを利用することが可能である。一方で、サイバー攻撃やハッキングを受けた際には、莫大な個人情報が漏えいするリスクがある。実際に2021年には、Facebookから漏えいした5億人以上の電話番号などの個人情報がオンライン上で公開されていたという事件も起きている。

　Web3では、個人情報や購買履歴等のデータは、パブリックなブロックチェーンなどに保管される。各サービスに対してどのような情報を提供するかは、個人が管理することになる。Web3では、ログインなどの際にウォレット（ユーザー固有のブロックチェーンアドレス）が利用されるため、メールアドレスやパスワードなどの登録は不要となる。つまり、サービス利用のために、Amazon、Googleをはじめとした巨大テック企業に対して不必要に個人情報を提供する必要がない。それによって、巨大テック企業へのサイバー攻撃やハッキングに際する個々の情報漏えいのリスクが低減するとの期待がある。

仲介組織を介さず直接取引

　Web2.0の決済インフラストラクチャは、銀行や支払業者に依存している。B2C、C2Cの支払において、必ず銀行や支払業者等の仲介者を介さなければならない。一方、Web3ではブロックチェーン技術を利用しているため、第三者に依存せずにユーザー間、ユーザーと企業間で直接取引が可能となる。Web3はイーサリアムのようなトークンをブラウザで直接送金するため、信頼できる第三者を必要としない。

デジタル資産所有権の保有

　Web2.0のゲームをプレイしているとしよう。ゲーム内アイテム

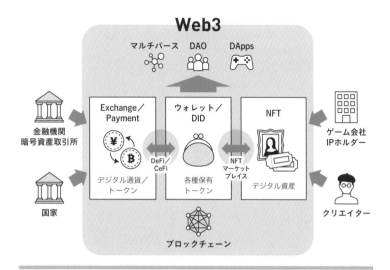

図表2-1　Web3の仕組み

出所：デロイトトーマツ「世界が一変する「Web3」、その動向と今後の発展」より筆者作成

を購入すると、アカウントに直接紐づけられる。ゲームを提供する事業者がアカウントを削除すると、これらのアイテムも失われてしまう。または、ゲームのプレイをやめると、ゲーム内アイテムに投資した価値が失われる。Web3では、NFT（非代替性トークン）を通じて直接所有できる。ゲームのクリエイターを含めて、だれからも所有権を奪われることはないのである。また、ゲームをやめてもゲーム内のアイテムをオープンマーケットで売却・取引することで、その価値を回収できる。

　このようにWeb3は、巨大テック企業からデータの主権を取り戻し、個人が主体となってデータの管理や取引などを行っていくものとして注目されている。

Web3は個人による「所有」によって成り立つ

　Web3に関連する技術やサービスは数多く存在する。ここでは、Web3のエコシステムを俯瞰してみていきたい。

　Web3は「オーナーシップエコノミー」と表現される。「オーナーシップ」とは、直訳すると「所有権」という意味だが、ビジネスにおいては、個人が仕事に対して当事者意識をもって向き合う姿勢のことを指すことが多い。Web3は、このオーナーシップによって成り立っているといってよいだろう。

　ユーザーは、暗号資産などのトークンや、NFTといったデジタル資産のオーナー（＝所有者）となるところから始まる。保有しているデジタル資産をウォレットで保管し、またそれらをNFTマーケットプレイスや暗号資産取引所などで売買することも可能だ。クリエイターやアーティストも、NFTによってオーナーシップをもつことで、2次流通以降のロイヤリティ還元を決定することができる。

　また、Web3に代表されるDAOと呼ばれる組織形態では、ガバナンストークンを保有したメンバーによって運営される。当該組織自体の所有権を分配するという思想だ。

　さらに、サービスやアプリケーションのレイヤーだけではなく、インフラストラクチャのレイヤーにおいても「ユーザーによる所有」が存在する。たとえば、ブロックチェーンの代表格であるイーサリアム（Ethereum）は、その80%が一般ユーザーに販売されるパブリックセール（暗号資産を用いて全世界から資金調達を行うこと）で成り立っている。

　このように、Web3のエコシステム全体が「所有する」ことをベースとして成り立っており、これまでのように企業主体のサービ

スに頼るのではなく、所有権を分配した開発者とユーザーによって成り立つサービスを信頼し、だれもがオーナーシップをもっていく社会が実現しようとしているのだ。

■ メタバースはWeb3の世界観との相性がよい

メタバースとWeb3はともに語られることが多いが、別々の概念・定義である。Web3は「分散型インターネットの概念」であり、メタバースは「オンライン上に広がる3次元の仮想空間」を指す。Web3の目指す世界観とメタバースは相性がよく、今後両者が融合したサービスが増えていくことが予想されている。実際、Web3的な思想に基づくメタバースのサービスはすでに存在している。非中央集権で分散化したWeb3において、個と個がつながるための受け皿として、メタバースが活用されていくものとの期待があるのだ。

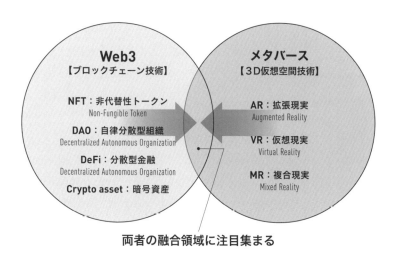

図表2－2　Web3とメタバース
出所：NTTデータ作成

詳細は後述するが、Web3では関連するさまざまなキーワードが存在する。そのなかでもメタバースは、今後のWeb3の広がりを後押しする重要な要素であると考えている。

メタバースやNFTとの関係

はじめに

　Web3における「分散型」の世界を実現する中核技術の1つとしてのブロックチェーン技術を活用したサービスや仕組みに「NFT」や「DeFi」「DAO」が存在しており、さらにVR（バーチャルリアリティー）技術などによって個と個のつながりを具現化する世界や、サービスとして「メタバース」がある。SECTION 2では「メタバース」と「NFT」、SECTION 3では「DAO」と「DeFi」、さらにSECTION 4においてその他のキーワードについて解説する。

Web3と並ぶバズワード、「メタバース」

メタバースとはオンライン上の3次元の仮想空間

　メタバースとは、「超（meta）」と「宇宙（universe）」を組み合わせた造語で、オンライン上の3次元の仮想空間や、それに関連したサービスのことを指す。利用者は世界中から仮想空間にアバター（インターネット上での自分自身の分身）として入り込み、アバター同士のコミュニケーションや、仮想空間上での買い物、商品の制作・販売といった経済活動を行うことできる。また、将来的にはもう1つの「現実」として新たな生活を送ることも想定されている。

層	技術・サービス例
サービス	ウォレット　　取引所　　メタバース　　DeFi
アプリケーション	SSI/DID　　デジタル通貨　　NFT ST（セキュリティトークン）
プラットフォーム　拡張	インターオペラビリティ　　Scaling
プラットフォーム　ブロックチェーン／ネットワーク	パブリックブロックチェーン技術／スマートコントラクト

図表 2 - 3　Web3に関連する技術・サービス

出所：小笠原寿仁「レイヤー構造から見たブロックチェーン」（Published in LIBERATS）より筆者作成

　1997年にNTTデータ（当時はNTTデータ通信）が開設した「まちこ」という女性向けのバーチャルモールサービスや、2000年代後半に世界的ブームとなった「Second Life」など、メタバースの先駆けとなるサービスはこれまでも複数存在していた。近年あらためてメタバースが注目されている背景には、新型コロナウイルス感染症の影響で外出が減り、急速にコミュニケーションのデジタル化が進んだことがあげられる。また、リアルイベントの代替策として、メタバースの活用は今後もさらに広まっていくことが予想されている。2021年10月に、Facebookのマーク・ザッカーバーグCEOは社名を「メタ（Meta）」に変更すると発表した。このニュースによって、メタバースへの注目度は急激に高まった。

　さらに2010年代以降、家庭用PCやゲーム機のスペックが向上したことにより、CG（コンピュータグラフィックス）で表現できる世界の規模がより大きく、より精細になったこと、インターネット回

線の高速化で同時接続人数を増やすことが可能になったこと、VR技術の進歩によりVRゴーグルの軽量化やワイヤレス化が進んだことによって、より自然なコミュニケーションができるようになった。仮想空間への没入感を高めるための技術の著しい発展も、メタバースへの関心の高まりの追い風となっている。

2021年度における世界のメタバースの市場規模は約626億ドル（約8.1兆円）であったが[1]、米金融大手シティ・グループ（Citi Group）のレポートでは、2030年までに最大13兆ドル（約1,600兆円）に達する可能性があると予測している[2]。巨大テック企業が巨額の投資やサービスの投入を進めている状況からも、メタバースを取り巻く技術の進化や新しいプラットフォームの供給は2022年以降さらに加熱していくと予測されている。ゲームやイベント等における活用から始まり、現在はリモート会議や仮想店舗におけるショッピングなど、ビジネスにおける参入も相次いでいる。

メタバースはWeb3とともに語られることが多いが、Web3だけではなく、Web2.0の世界でもメタバースは存在する。Web2.0の

	Web2.0 のメタバース	Web3 のメタバース
運営主体	企業	DAO
出資者	株主	全トークンホルダー
利益享受者	企業の役員・従業員、投資家等	コミュニティ全員
コンテンツ作成者	企業の従業員	コミュニティ参加者
データの所有権	企業	ユーザー

図表 2 - 4 「Web2.0のメタバース」と「Web3のメタバース」の違い
出所：VJ you「web2.0メタバースとweb3.0メタバース」より筆者作成

---

1 Report Ocean Co. Ltdプレスリリース（2022年4月7日）
2 CitiGPS "Metaverse and Money"

メタバースとWeb3のメタバースの違いを以下に整理する。

　サービスのコンテンツ作成や運営が企業主体となっているのがWeb2.0のメタバースであり、個々人がコンテンツを作成し、DAOが運営主体となるのがWeb3のメタバースである。現在の主流はWeb2.0のメタバースであり、Web3に係るサービスの開発・展開にはまだ課題も多く、メタバースを含めて全般としてサービスとしては立ち上がりの初期段階であるといえる。

メタバースと金融の接点

　Gartner（ガートナー）は、2026年までに、世界で4人に1人が1日1時間以上をメタバースで過ごすようになると予測している[3]。また、みずほ銀行産業調査部が作成した報告書[4]では、2050年にはメタバースが一般生活に広く浸透し、使っていない人がマイノリティになるとの予想を示しており、今後はビジネスシーン・日常の生活シーンでの活用も増えていくことが予想される。

　メタバースのなかで人々が生活し経済活動を行うようになると、価値交換の仕組みが必要になる。この価値交換の仕組みを、メタバースの特徴をふまえてどのように活用していくかが、今後の仮想空間における金融サービスの広がりを検討するうえで重要な要素となってくる。

　ここで、メタバースの先行事例に位置づけられるSecond Lifeにおける価値交換の例をあげる。Second Life内の経済活動には「リンデンドル」という独自通貨が用いられ、ゲーム内において土地・

3　Gartner Press Release February 7, 2022
4　みずほ銀行産業調査部「2050年の日本産業を考える〜ありたき姿の実現に向けた構造転換と産業融合〜エレクトロニクス、通信・メディア、IT〜メタバースがもたらす影響と日本企業に求められる対応〜」（2022年4月1日）

物品の売買等で稼いだ通貨を、アメリカドルなど法定通貨にも換金できるといった特徴があった。

Second Lifeのブームから約15年経過した現在はブロックチェーン技術が発展し、メタバース内の通貨として暗号資産が使えるようになったことや、詳細は後述するが、NFTによって所有者の明確化や希少性の担保が可能となったことによって、メタバース内の価値を現実世界の価値と紐づけて売買するといったことが成立するようになった。

Second Life内のリンデンドルは当時仮想通貨と呼ばれることもあったが、リンデンラボ社が管理・監視する「電子マネー」の一種だった。Web2.0のメタバースに代表されるSecond Lifeでは、サービスのプラットフォーマーが価値管理も実施しており、サービス内でのあらゆる価値を決めていたことに加え、サービスを運営するうえでの利益はプラットフォーマーが得るというエコシステムが形成されていた。Web3のメタバースへの移行が視野に入りつつある現在では、暗号資産のような独立した技術が融合することで、プラットフォーマーが価値を操作できない仕組みを実現している。そういった点でメタバースの価値交換の仕組みは進歩したといえるのではないだろうか。Web3のメタバースに関しては、プラットフォームが稼ぐ広告収入をプレーヤーに自動分配するシステムを最初に構築できたところが大きく伸びるといった予測もある。

続いて、仮想空間と現実社会の金融サービスはどのような点で異なるのか、融資を例にとって考えていく。

仮想空間において土地や物品の売買が行われるようになると、融資のニーズも出てくる。ここで1つ考えたいのが、融資先についてである。現在の仮想空間では、アバターの本人確認の方法が確立していない。そのため現実社会のだれにどの程度融資しているかわか

▶ 個人

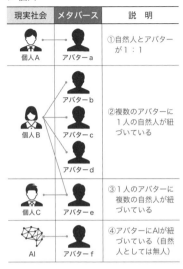

現実社会	メタバース	説　明
個人A	アバターa	①自然人とアバターが1:1
個人B	アバターb アバターc アバターd	②複数のアバターに1人の自然人が紐づいている
個人C	アバターe	③1人のアバターに複数の自然人が紐づいている
AI	アバターf	④アバターにAIが紐づいている（自然人としては無人）

〈ケース1〉

②複数のアバターに1人の自然人が紐づいている、③1人のアバターに複数の自然人が紐づいている状況を検討する

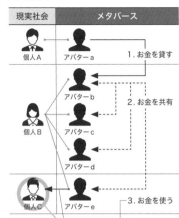

意図していない人にお金を貸している可能性

▶ 企業

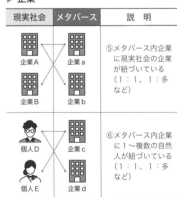

現実社会	メタバース	説　明
企業A 企業B	企業a 企業b	⑤メタバース内企業に現実社会の企業が紐づいている（1:1、1:多など）
個人D 個人E	企業c 企業d	⑥メタバース内企業に1～複数の自然人が紐づいている（1:1、1:多など）

〈ケース2〉

⑥メタバース内企業に1人の自然人が紐づいている状況を検討する

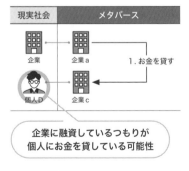

企業に融資しているつもりが個人にお金を貸している可能性

図表2−5　現実社会とメタバースのさまざまな紐づき方と融資のケース例

出所：筆者作成

らないケースや、融資ポートフォリオの分散が意図しないかたちになるケース（図表2‐5）が想定される。現状はこれらの状況に対する対策のコンセンサスがあるわけではないが、今後こういった課題に対して、メタバース上での融資ルールの整備が関係者のなかで並行して行われていくのではないかと想定される。

アバターにAIが紐づいている（＝無人の）状況や、自然人とアバターが「多：多」で紐づいているような状況では、融資先は「個人」でも「法人」でもない可能性が出てくる。また、融資元という観点で考えると、仮想空間におけるルールが整備されていない現状では、現実社会における一個人や金融機関以外の企業がメタバース内で金融機能を提供するケースも想定される。こうしたさまざまなケースを検討していくと、法人・個人とは異なる「新たな融資先」の概念が出現するといった、現実社会における金融サービスの概念を超える、新たな概念創出の可能性があることがみえてくる。

それと同時に、融資が回収できないことや、マネーローンダリングや国籍が違う利用者同士のクロスボーダー取引など、新たなトラブルや不正の懸念も出てくるであろう。これらに対する有効な対策として、融資を行う際に仮想空間上のアセットをNFT化することが考えられる。実際、現実世界でもNFTを担保とした融資サービスは広がっているが、仮想空間上でも仮想不動産をNFTとして担保に設定する住宅ローンの提供が始まっている。今後仮想空間でビジネス参入する際には、これらの特徴を理解したうえで検討を行うことが重要である。

金融機関のメタバース参入拡大には規制の整備が急務

2022年2月、JPモルガン・チェースが仮想空間上にラウンジを開設したことを発表するなど、金融機関のメタバース参入が進んで

いる。一方日本国内では、一部の金融機関でメタバース参入の動きもみられるが、本格的な参入はこれからという状況である。

　金融機関のメタバース参入には、若年層の取込みや顧客接点の創出といった効果が期待できるが、法整備の遅れから来る法的リスクに対しての見通しの悪さが、ビジネス的な踏み込みの弱さにつながっているという現状がある。

　シティ・グループのレポート[5]によると、「メタバースがインターネット技術の新たな繰り返しであるならば、世界各国の規制当局、政策立案者、政府からより厳しく監視されるだろう。取引所やウォレットにおけるマネーローンダリング防止規則、DeFi（分散型金融）の利用、暗号資産、財産権などの問題に対処しなければならない」と規制対応への必要性をレポートしている。

　先にあげたSecond Lifeでは、リンデンドルの現実通貨との換金を非課税にできたため、脱税に使われるケースやマネーローンダリングに利用されるケース、違法ギャンブルなども問題になった（現在はさまざまな規制がかけられているということである）。また、複数の仮想空間にまたがる不正行為への対応、さらにはメタバース内で行われるクロスボーダー取引についても法的整備が必要である。メタバースが安全な経済活動の場として活用されるためには、こうしたルールを明確にし、定着させる必要がある。

　それでは、これらの規制やルールの整備はだれが行うのか。現在国内では、ガイドライン整備などを目的としたメタバース関連団体の乱立が、新たな課題としてあがっている。徐々にメタバース関連団体の乱立回避に向けた合流の動きが出てきているが、世界のメタバース市場が急拡大するなかで日本が後れをとらないようにするた

5　前掲注2

めには、団体の集約（統一化）と規制・ルールの整備が急務である
といえるだろう。

高い没入感、カギとなるのはVR/AR技術

　メタバースにはスマホやPCからもアクセスできるが、VRヘッド
セットやARグラスを装着した没入型の体験は、メタバースをさら
に発展させていくものと考えられている。ここでは、メタバースの
普及を支える「VR」や「AR」について解説したい。

　VRは「Virtual Reality」の略で、日本語では一般的に「仮想現
実」と訳され、スマートフォンや、PCのブラウザで仮想空間を体
験できる。さらに、VR専用の機器を体に装着することでCGによっ
てつくられた世界や360度カメラで撮影された写真や動画のなかに
自分が入り込み、あたかもその場所にいるかのような没入感を味わ
うことが可能となる。VR専用の機器とは、ヘッドマウントディス
プレイと呼ばれ、目を覆うように装着することで、左右の目の視差
を用いて立体映像を投影する。近年では、仮想現実を表現するため
のグラフィック技術が飛躍的に進化したことによって、2016年には
「PlayStation VR」をはじめとするさまざまな家庭用VRゲーム機器
が販売された。そのため、2016年は「VR元年」と呼ばれることも
ある。VRは、物件の内覧、消防士や兵士などのトレーニング、製
造業での設計など、さまざまな分野で活用されている。

　一方、ARは「Augmented Reality」の略で、「拡張現実」と訳さ
れる。ARは目の前にある現実の風景に対し、情報を付加または合
成して表示させることで、まるで現実が拡張されたかのような視界
をつくりだす技術である。VRは現実世界とは異なる仮想世界に入
り込むことに対して、ARはあくまで現実世界が主体となる。AR
は、スマートフォンや専用のARグラスを用いて利用される。ス

マートフォンに映し出される実際の景色や、ARグラス越しにみている景色に、実際にはいないキャラクターを表示させたり説明を加えたりできる。

ARグラスとは、VRにおけるヘッドマウントディスプレイをグラス型にしたようなものであり、周囲の環境や搭載されているセンサーが取得した空間情報を分析し、視界のなかに表示する機能をもつ。自宅の部屋に配置する家具のシミュレーションや、カメラに写した自分の顔に化粧品を試せるモバイルアプリケーション、実際のスポーツ観戦などの活用事例がすでにあり、補足データをARグラス上に合成している。また、医療教育の現場では、人体の仮想モデルをAR上に配置し、それを利用して学習が行われている。

ARやVRでは、現実世界での限界を超えてさまざまな分野で活用されてきた。しかし一方で、専用端末の導入コストや、VR酔いなどの健康被害が課題になっており、これらの解消に向けた研究が各社において進められている段階だ。また、仮想空間へのより高い没入感を得るためには、五感で体験できることが重要な要素となってくるとして、これまで研究が進められてきた視覚や聴覚のほかに、嗅覚、味覚、触覚といった面からも研究が進められている。

米国に拠点をもつペイメントテクノロジー企業のWorldpayは、店舗でのクレジットカード支払のための暗証番号入力をVRで行えるAirPinの技術を開発した。ユーザーがVRヘッドセットを装着して決済処理に必要な暗証番号の入力を行う。VR空間で、ランダムに並んだ数字から視線を使って入力する仕組みで、他人からカード情報や暗証番号を盗み取られるおそれがないため、防犯性に優れているというメリットがある。

メタバースにおける経済活動の広がりにはセキュリティ確保が重要

　「防犯性」という言葉が出てきたので、ここでセキュリティについて触れておきたい。メタバースを利用したことがない人がメタバースを始めるための条件として最も望んでいるのは、「セキュリティ担保」である[6]。メタバースにおけるセキュリティ上の課題は複数指摘されているが、今後金融サービスを展開する場合、セキュリティ対策の検討は最も重要な要素となってくるであろう。ここでは、メタバースにおいて想定されるセキュリティリスクとその対策について紹介する。

リスク	概　要	想定される問題
アカウントの乗っ取り・アバターのなりすまし	他人のアカウントへ不正にログインしたり、他人を模倣したアバターを作成しその人物になりすます	●個人情報や機密情報の流出 ●不正な売買、契約の締結 ●仮想オブジェクトの窃取 ●マネーローンダリング ●不正取引、詐欺行為
データの改ざん・否認	操作履歴などを書き換えたり、アバターやワールドのデータを悪意をもって書き換える	●心理的・身体的被害
デジタルコンテンツの複製	デジタルアートやアバターなどのデジタルコンテンツを許可なく複製する	●著作権の侵害
盗撮・盗聴・窃視	ワールドにおいて盗聴・盗撮を行ったり、VR機器へ不正にアクセスし動きを窃視する	●プライバシーの侵害 ●肖像権の侵害
DOS攻撃	パソコンやVR機器へのDOS攻撃	●サービス利用停止

図表2-6　メタバースにおけるセキュリティリスク

出所：総務省Web3時代に向けたメタバース等の利活用に関する研究会（第5回）資料5-3「メタバースにおけるサイバーセキュリティの検討について」（仲上竜太、2022年12月2日）を参考に筆者作成

6　クロス・マーケティング「メタバースに関する調査（2022年）実態編」

● アカウントの乗っ取り・アバターのなりすまし

　他人のアカウントへ不正にログインをする乗っ取りや、他人を模倣したアバターの作成により、あたかもその人物であるかのように振る舞うことができる。このようななりすまし行為は不正取引や詐欺行為のリスクが高まる。これらの対策として考えられるのは、ログイン時の多要素認証の導入や本人確認の強化、不正ログの監視などである。また、現状身元確認が不十分で匿名性の高い暗号資産による取引が可能なメタバースは、取引経路の追跡が困難でありマネーローンダリングに利用されるおそれがある。マネーローンダリング対策としてFATF（金融活動作業部会）をはじめ、国内外の組織が本人確認に関するガイドラインの整備に乗り出している。

● データの改ざん・否認

　行動履歴の改ざん、操作ログの改ざん、メッセージの改ざんによって攻撃や犯罪の証拠を隠ぺいされると、攻撃者や犯罪者の特定を行えなくなる可能性がある。また、不快な音声、画像や映像を表示するようにデータを書き換えられたワールド[7]へアクセスした場合、聴覚と視覚が乗っ取られて心理的・身体的な悪影響を及ぼすことも考えられる。これに対して、改ざん検知システムの導入や脆弱性をねらった攻撃から守るためのツールやサービス導入、さらにサービス側でのデータ保護などの対策が必要である。

● デジタルコンテンツの複製

　著作権者の許諾を得ずに、複製・模倣によりデジタルアートやアバターなどのデジタルコンテンツを作成し利用することは、著作権の侵害である。1つの対策として、ブロックチェーン上で所有権を明確にできるNFTの活用があげられる。NFTは、複製そのものを

7　ワールド：メタバースプラットフォーム上に存在する特定の領域。個々の世界観へ共感する人が集まり、コミュニケーションをとるなどの活動を行う。

防止するものではないが、デジタルコンテンツが保有するNFTによって、それが「本物」であるかどうかが証明できる。

● 盗撮・盗聴・窃視

ワールド内でのアバター同士の会話や行動が盗聴・盗撮されることは、現実社会と同様、プライバシーの侵害や肖像権の侵害となる。また、ユーザーが利用するVRゴーグルへ不正にアクセスし、アバターの活動をのぞき見されるリスクもある。前者に対しては、ワールド作成時のアクセス制限の設定や使用可能な機能の制限を検討するなどの対策が考えられる。また後者に対しては、VRゴーグルもコンピュータ等の端末の一種であるため、コンピュータと同様にセキュリティソフトの導入といった対策が必要である。

● パソコンやVR機器へのDOS攻撃（サービス拒否攻撃）

アバターやワールドを自由に作成できるメタバースでは、パソコンやVRゴーグルなどのVR機器に高負荷をかけ、クラッシュさせるアバターやワールドが作成されるおそれもある。アバターやワールドの表示や高負荷処理に対する制限を設け、それらを作成する際には検査をするなどの対策が必要である。

メタバースは元来、コミュニケーションの場としての活用を主目的としており、それに沿ったかたちでのセキュリティ対策が検討されてきた。一方で、今後メタバース上での経済活動が広がっていくためには、金融取引を前提としたセキュリティ対策を行っていくことが非常に重要である。

SNSがたどってきた歴史に倣う倫理問題への対応

メタバースへの期待や注目度が高まる一方で、先述のとおり、メタバース空間上におけるアバターに対する人格権、知的財産権の保

護範囲、資金決済法の適用範囲、通信の秘密の保護範囲など、ヒト・モノ・カネ・データに対し整備すべき事項は多いとされている。ここでは、それらのなかでもメタバースに係る倫理問題について言及する。

メタバースにおける倫理問題には、アバターの保護に関連してのいじめ、誹謗中傷、ハラスメント、差別などの人権侵害がある。また、人格権に係る議論として、肖像権侵害の問題、そしてディープフェイクの悪用などの問題が提起されている。また、メタバース普及に伴う子どもへの影響（先にあげたいじめ問題などのほかに、依存症など）もしばしば議論の俎上にあがっている。このような倫理問題が起こる背景としては、メタバースの匿名性やリアルタイムでの監視・記録がないといった点があげられるだろう。

国内外でメタバースの倫理問題に係る規制の検討が始まっているが、現段階では個別のサービスやメタバース関連団体によるものが中心である。国や国をまたがった規制の整備には、まだ時間を要することが予測される。海外の例では、米国の非営利団体「オアシス・コンソーシアム（Oasis Consortium）」がテック企業の自主規制を支援するガイドラインを公開している[8]。国内では、2022年8月に総務省がメタバース研究会を立ち上げ、誹謗中傷やわいせつ行動からの保護など、メタバースの利活用が進んだ際にどのような課題が生じるかについて検討・議論を開始した[9]ほか、メタバースプラットフォーム「cluster」が、ユーザーからの報告を重要視するコミュニティガイドラインを制定している。

企業がメタバースに参入する際には、メタバースでのあらゆるハ

---

8 「業界団体が安全性指針、メタバースの治安は守れるか？」（MIT Technology Review、2022年1月25日）

9 総務省「Web3時代に向けたメタバース等の利活用に関する研究会第1回議事録」

ラスメント問題をプラットフォームや運営側で厳しく規制することを検討したり、企業内での活用の場合も、アバターとしての従業員の行動に対するガイドラインを制定するなどの対応が必要となるであろう。

2000年代以降、FacebookやTwitterといった巨大ソーシャルメディアが登場し、いじめ・なりすまし・ソーシャルハラスメント・フェイクニュースといったさまざまな倫理問題を提起してきた。それらは旧来の価値観を超えてソーシャルメディア時代に適応した新たな基準をつくりながら、うまく折り合いをつけて成長してきたともいわれている。次世代のSNSといわれるメタバースでも、SNSがたどってきた歴史をふまえて、整備しておくべき規制の検討と、アバターの保護などメタバース特有の新たな課題への対策・検討を着実に行っていくことで、今後のさらなる広がりが実現するのではないかと考えられている。

シミュレーション環境としてのデジタルツインと融合していく可能性

メタバースの注目度上昇に伴い、同様に注目度が高まっているのがデジタルツインである。両者に活用される技術は近しいが、狭義では異なった概念とされている。

デジタルツインとは、物理空間に実在しているものを、仮想空間でリアルに表現したものを指す。メタバースがコミュニケーション環境としての活用を主目的としているのに対し、デジタルツインはシミュレーション環境としての活用を主目的としているという違いがある。「ツイン（双子）」という言葉が表すように、IoTやAI、AR（拡張現実）、VR（仮想現実）などの最新デジタル技術を活用して、物理空間の仕組みを仮想空間にそのままリアルタイムに再現す

ることによって、精度の高いシミュレーションが可能となる。デジタルツインの情報を使って将来の変化を事前にシミュレーションし、分析することで、計画の質を高めたり、オペレーションのコスト削減や業務効率が向上するといわれている。製造業をはじめとして、さまざまな分野で活用の幅が広がっている。たとえば、工場に置く装置や社会インフラの設備などでは、生産性向上や性能向上をねらって稼働条件を変更する場合があるが、変更に失敗すると大きな損害を被ることになるため、慎重な判断が求められる。デジタルツインを利用すれば、リスクをとることなく変更後の効果や発生する現象を知ることができる。デジタルツインは、サプライチェーン全体の物流管理の自律化、さらには都市全体の社会活動の自律化などに応用される動きも出てきている。

　概念としては異なるものとされているメタバースとデジタルツインだが、今後境界線があいまいになっていく可能性がある。たとえば仮想空間上における人々の行動データなどを用いてシミュレーションを行い、現実世界にフィードバックしていくようなケースは、メタバースとデジタルツインを融合した形態に近いだろう。

　NTTでは現在、都市や交通のデジタルツインに加え、人のデジタルツインの実現と応用に向けた研究開発も進めている。人のデジタルツインは人を代替するものではなく、人の内面までの深い理解に基づき人と人のつながりを支援したり媒介したりすることで、自己実現に向けた個人の可能性を広げ、個人のWell-beingにつなげるということを目指している。自身のアバターが仮想空間において自律的に活動を行うことで、その結果を現実世界の自身の活動へフィードバックし、よりよい自身のあり方を目指すというイメージだ。

今後はデジタルツインやメタバースといった定義の境界線にとらわれることなく、これらは個人および集団としてのWell-beingの実現を目指すための一手段として活用されていくのではないかと期待がふくらむ。

▌Web3の中核技術の１つ「ブロックチェーン」

　NFTの説明に入る前に、それらを支えるブロックチェーン技術について解説する。

　ブロックチェーンの出現は2008年である。ビットコインはこのブロックチェーン技術により創出された。ビットコインの考案者は、サトシ・ナカモトと名乗る匿名の個人または集団で、2008年の金融危機への対応として国際金融セクターの分散化をねらったといわれている。

　ブロックチェーン技術は分散型台帳技術の１つであり、情報通信ネットワーク上にあるノード（端末）同士をP2P接続し、暗号技術を用いて取引履歴を分散的に処理・記録をする。一定期間の情報（取引データ）をブロックと呼ばれる単位にまとめてチェーン（鎖）のようにつないでいく。ネットワーク参加者がお互いに正しい情報を共有・検証し、記録を蓄積していく仕組みであることから、１度記録されたデータは履歴を削除することができない。ブロックチェーン技術はビットコイン等の暗号資産やNFTなどさまざまな分野に基盤技術として用いられている。

　ブロックチェーンは複数のノード間でデータが同期されることから、記録の改ざんが困難なため不正取引を防止しやすいという特徴をもつ。また、取引データを集中管理するための大規模コンピュータ（サーバ）は必要ない。ブロックチェーンは、特定の管理者がいなくても取引データの信頼性を担保する非中央集権の仕組みとして

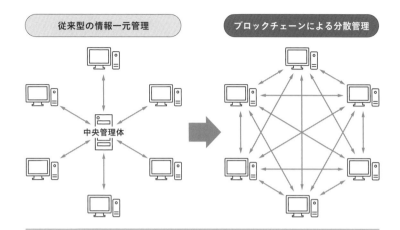

図表 2 - 7　従来型の中央一元管理とブロックチェーンによる分散管理のイメージ

出所：総務省「ICTによるイノベーションと新たなエコノミー形成に関する調査研究」（2018年）

　も注目されており、集権的なスキーム形成が困難な領域での適用が期待される。また、こうした面がWeb3の世界観と相性がよいとされ、Web3における中核技術としての活用の検討が進められているのである。

　ブロックチェーンは暗号資産だけでなく、決済や送金、証券取引などでも活用が進むが、活用の範囲は金融業界にとどまらない。ポイント管理など小売業界、不動産業界、サプライチェーンやトレーサビリティなど物流・流通業界、アートやエンターテインメント業界など多岐にわたって広がりつつある。

　医療分野におけるブロックチェーンなどの活用の可能性も期待されている。医療データ交換や医療保険、医療費支払処理といった医療サービスにおける活用のほか、医療保険詐欺の未然防止、医薬品のサプライチェーン管理などにも資する可能性があるといわれてい

図表2−8　ブロックチェーン技術の活用例
出所：「実はこんな業務にも…仮想通貨だけではないブロックチェーン活用例」（NTTテクノクロ
　　　ス「情報畑でつかまえて」）より筆者作成

る。この領域の取組み例としては、たとえば、正確な患者記録を提供するためのキーレス署名基盤プラットフォームを展開するエストニアのGuardtimeや、支払請求、診察予約の管理、患者履歴の管理などのプロセス最適化に取り組む米国のPokitDok、ブロックチェーンによる医療記録の安全な保管と利用に取り組む米国のPatientoryなどがあげられる。

　ブロックチェーン活用サービスの市場規模（事業者売上高ベース）は、2020年度は415億円であったが、2021年度からは大手企業を中心にブロックチェーン活用に係る普及期に突入したとみられており、2025年度までには中堅・中小企業、自治体においても普及期に突入し、その市場規模は約7,248億円まで拡大するとの予測もある[10]。ブロックチェーンを活用したサービスは今後、日常生活に浸透していくであろう。

10　矢野経済研究所プレスリリース「ブロックチェーン活用サービス市場に関する調査を実施（2021年）」（2022年2月22日）

▌急成長を遂げたNFT

NFTとはデジタル資産の所有者と希少性を証明する技術

　ブロックチェーンを活用した技術の１つにNFTがある。2021年３月11日、米国のデジタルアーティスト「Beeple」の作品「Everydays-The First 5000 Days」が、オークションで史上最高額の6,900万ドル（日本円で約75億円）で落札されて大きな話題となった[11]。その金額の高さに加え、デジタル作品を唯一無二なものとして証明することにNFTの技術が活用されたことで、デジタルアートが市場価値のある新たな分野であることに注目が集まった。また、Twitter創業者ジャック・ドーシーの初ツイートが約３億円で落札される[12]など、2021年以降NFT市場の盛り上がりが加速している。

　NFTとは「非代替性トークン（Non-Fungible Token）」の略で、代替不可能なトークンを指している。デジタルデータでありながらトークンに識別子が含まれているため、同じNFTは２つと存在せず、各トークンは他のトークンと区別することが可能となっている。偽造や改ざんがむずかしいブロックチェーン上に発行者および所有者、取引履歴等がすべて記録され、利用者同士で取引を行う際にも、所在が明確であるため不正が起こりにくい仕組みなのである。

　NFTはさまざまな分野において活用が進んでおり、アートやファッションをはじめゲーム、スポーツ選手のカード等のほか、地域創生での活用などにも広がっている。そのなかから何点か事例を

11　「BeepleのNFT作品が約75億円で落札。現存アーティストのオークション記録第３位に」（美術手帖、2021年３月12日）
12　「ツイッター創業者の初投稿に３億円超、デジタル資産競売で高値」（REUTERS、2021年３月23日付）

紹介しておきたい。

　1点目は、NFTによる実物資産のトレーサビリティの事例だ。ブロックチェーン事業を手掛けるレシカがリードする「UniCask」は、ブロックチェーンとNFTを用いて、酒樽の所有権の証明および移転登記、オンラインでの売買履歴管理の容易化などに取り組んでいる。ウイスキーのようなアナログ（リアル）な商品とNFTを融合することで新たな資産価値をつくりだすことに挑戦している。

　NFTの活用には、実物とデジタルの紐づけがむずかしいという課題（デジタルの識別子を物理的に対象資産に取り付ける必要性）がある。アート作品などに、取り外せないICタグや、取り外したら壊れるようなRFID[13]シールを取り付けるといった工夫がされているケースもある。しかしながら、タグの複製や取り外して他作品へ取り付けるといった行為を防げない、タグがデジタルデータをもつことで電子回路（環境要素で不具合を起こす可能性がある）が必要といった課題もある。ここで注目したのが、ウイスキー業界における昔からの商習慣である。実は欧州では昔から、樽単位のウイスキーを購入して取引する商流があり、購入者は樽を持ち帰らずに蒸留所に長年預けるビジネスが存在するという。実物とデジタルのNFTを紐づけるICタグはある意味信頼できるが、物理的に複数の所有者の手を回るとリスクになる。所有者の手元にいかず蒸留所が保管を担保する樽はその心配はなく、蒸留所の信頼を担保にしてNFTと実物の紐づけができるのではないかというアイデアが発想されたとのことである。

13　RFIDとは、Radio Frequency Identificationの略称で、商品などに非接触型の「ICタグ（微小な無線ICチップの一種）」を埋め込んで、商品等の情報を記録しておき、アンテナ通過時の無線通信によるデータ交信によって商品等の確認を自動識別する技術のこと（総務省北陸総合通信局ウェブサイト）。

なかでも重要なのは、「ウイスキーの樽をブロックチェーン上に記録することで時間の価値を刻む」という考え方である。ウイスキーはエイジング（樽のなかでの熟成）が長いほどお酒が美味しくなり、貴重性も高まるといわれている。熟成年月による内部価値はブロックチェーン上に記録されることに加え、NFTという形態のためコレクターは簡単かつ安全に所有する樽を売買できる。蒸留所の視点では、樽単位でまだお酒が若い時期から販売できることからキャッシュフローの観点でメリットがあり、蒸留所の持続的な運営が期待できるとされている。

　2点目は、スポーツ分野におけるNFT活用の取組みをみていきたい。コロナ禍で会場での試合観戦者が減り、主催者が収益化とファンとのつながりをつくる両方の目的で始めたケースが多い。

　たとえば動画配信のDAZNはMIXIと2022年3月から協業している。スポーツ特化型のNFTマーケットプレイスを提供開始し、Jリーグの試合映像をNFTとして販売している。さらに、2022年10月にはユーザー間で売買可能な「セカンダリーマーケットプレイス」を開始した。楽天グループでもNFT取引所を2022年2月に開設し、JリーグやプロレスリングのNFTに参入している。プロ野球界では、たとえばパ・リーグ6球団の共同出資会社であるパシフィックリーグマーケティングと埼玉西武ライオンズによるNFTコレクション「LIONS COLLECTION」の提供を皮切りに参入が広がり、2021年12月にはメルカリと提携を開始した。各社は選手のプレー動画や画像をNFTとしてファン向けに販売するサービスを展開している。ブロックチェーンで持ち主を証明し、実体あるカードと同じように取引できる点が特徴とされている。また、スポーツ団体などコンテンツホルダーに利益を還元できることも特徴であり、コロナ禍による観客動員数減少に苦しむプロスポーツ界の新た

な収入源として期待する声もある。

　一方で、ピークが過ぎたという声もある。当初、スポーツNFTは純粋なファンのみならず値上がりに期待した購入者もいた。その後世界的なNFTの相場下落に伴い、投機目的の購入が減少し、市場規模・取引価格は縮小してしまったのである。しかし、投機目的の購入が減り正常な状態に落ち着いたとの見方もある。

　そのほかにも、企業におけるNFTの活用が始まっている。日本郵便は、切手原画を題材にしたアートをNFTとして販売した。動物・花・景色をモチーフにした普通切手の原画等がNFT化され、販売されている。購入者したNFTは、「Rakuten NFT」のマーケットプレイスに出品し販売することもできる。

　ここまであげた事例のほかにも事例は多数あり、企業をはじめとして幅広い分野においてNFTへの期待が高まっていることがわかる。

　NFTの登場によって、これまでデジタル上に多く存在していたさまざまなものに対して、コピーが容易であるデジタルデータにも希少価値をもたせることが可能になったのだ。デジタルデータを作成し販売している人にとっては、NFTによって唯一無二の価値のあるものとして証明できるようになり、購入者にとっては、オリジナルのものを確実に手にできることになる。

　NFTはNFTマーケットプレイス内で売却や購入が可能であり、国内では複数のNFTマーケットプレイス運営事業者が存在している。取扱いコンテンツは各社によって特徴がある。

メタバースとNFTは独立した存在だが、相互作用による広がりに期待あり

　メタバースもブロックチェーン技術を取り入れていることが多い

ため混同されがちだが、NFTとメタバースはそれぞれ独立したものである。NFTはブロックチェーン技術によって支えられているデジタル資産である。一方、メタバースはインターネットを介した仮想空間であり、資産そのものではない。メタバースとNFTを組み合わせることで、たとえばゲーム内で取得したアイテムや自身で作成した作品、アバターなどをNFT化することができる。NFTが登場するまでは、ゲーム内にあるアイテムなどはあくまでもそのゲームのなかでしか価値のないものであった。しかし、NFTが登場してデジタルデータの所有権が証明できるようになってからは、ゲーム内のアイテムもNFT化することで1つの資産として扱えるようになったのである。NFTを活用することで、デジタルアートを創作するクリエイターに収益化する機会を与えることができることや、メタバース空間における経済活動の活性化を図れることなど、現実社会と同様に、より多様で大規模な経済活動が仮想空間上で行われるようになるといった期待もある。

NFTを活用したメタバースプラットフォームで特に有名なものとして、「Decentraland（ディセントラランド）」と「The Sandbox（ザ・サンドボックス）」がある。

「Decentraland（ディセントラランド）」はブロックチェーンの技術を活用した仮想プラットフォームであり、メタバース内で収益をあげようとしている人々から支持されている。ゲームを開発した経験のない人でも簡単にゲームをつくることができるといった、クリエイター機能が充実しているという特徴がある。JPモルガン・チェースが仮想店舗を開設するなど、世界的な大企業からの注目度も高い。

「The Sandbox（ザ・サンドボックス）」は、ユーザーがメタバース上に作成したゲームで遊ぶことができ、ユーザー間でのコミュニ

ケーションを楽しめるNFTゲームだ。The Sandbox上では、LAND（ランド）と呼ばれる土地やアバター、ゲームをつくっていくうえで必要な素材、アイテムなどを売買できる。これらのデジタル資産は、NFTマーケットプレイスやゲーム内のマーケットにて取引が可能だ。

　メタバースではデジタル資産を生み出す、物品の売買を行うといった機会が多くある。メタバースにおいてデジタル資産の所有者をより明確にするために、今後よりいっそうNFTに対する需要が高まることが予想される。

期待の半面、不安要素も残るNFT

　ここまで急成長を遂げたNFTだが、課題もいくつか指摘されている。Web3全般の課題とされている法規制やセキュリティに関してはSECTION 6で述べるが、ここではその他NFT固有の課題をみていきたい。

●環境負荷

　NFTの取引では大量の電気消費が必要なため、エネルギー問題が指摘されている。それゆえ、NFTの普及（一般化）にあたって環境負荷に関する技術的な改善が遅かれ早かれ必要になるだろう。

●手数料が高騰しやすい

　取引をする際、ガス代というネットワーク手数料が発生するのだが、手数料の価格は出品者が決められるため、取引するデジタルデータによっては高額なガス代を支払う必要がある。また、その出品物に対して需要が増加すると当然のことながら価格が高騰するため、取引しづらくなることも懸念される。

●正規作品の証明をするものではない

　デジタルデータの唯一性を担保するNFTだが、残念ながら偽物

や贋作が横行している。たとえば、元のデジタル作品を異なる
NFTマーケットプレイスで無断コピーしNFT化するといったこと
が可能なのだ。偽物を本物と間違えて購入するように仕向ける詐欺
の手口も出てきている。現状のNFTの仕組みとしては避けること
がむずかしく、出品者や販売元をしっかりと確認するといったよう
なことで真贋を見分ける必要があるだろう。

● プライバシーの脆弱性

透明性が高いブロックチェーンだが、取引が個人に紐づけられた
NFTとなんらかのかたちで結びつくと、途端にプライバシーが丸
見えになってしまうといった根本的な弱点を抱えている。

ブロックチェーンは、全取引の履歴を公開し不変の性質をもつこ
とから「データの透明性が高い」とされているわけだが、裏を返せ
ば、これはあらゆる人・組織がネットワークの全取引履歴を閲覧で
きる環境であるということでもある。ブロックチェーン技術を活用
している暗号資産は、現在は多くの取引所が「Know Your Cus-
tomer（KYC、本人確認の手続）」の規約を定めるようになってきて
いるが、もともとは匿名で利用することが主流であった。暗号資産
の匿名性を維持するために重要なことは、個人を特定できる情報を
取引に関連づけないことだ。

一方で、NFTはこれと逆行する性質をもっている。NFTは基本
的に、個別の識別可能なトークンであるという考えのもとに設計さ
れている。NFTに紐づいた個人ウォレットのアドレスや、その取
引履歴などが簡単に調べられてしまうのである。ブロックチェーン
上に1度記録された情報は非公開にすることも削除することもでき
ない。そのため現時点では、プライバシーが脆弱である点を理解し
たうえで利用する必要がある。また、利用者が接するNFTマーケッ
トプレイスは一般的なWebアプリケーションであり、個人情報窃

取などの被害の可能性があるといった点も留意が必要だ。過去のインシデントを検索して、極力安全性が高いマーケットプレイスを選択することや、多要素認証を活用することが対策としてあげられるだろう。

SECTION **3** | 企業活動のあり方を変えるDAO

▌はじめに

Web3において非常に重要なキーワードとして、「DAO（ダオ）」があげられる（図表2-1参照）。ここでは、「DAO」とそれに深く関連する「DeFi」等について解説する。

▌自律分散型社会の実現に向けて期待される「DAO」というかたち

DAOとは非中央集権的な新しい組織のあり方

DAOとは「分散型自律組織（Decentralized Autonomous Organization）」の略で、特定の所有者や管理者がシステム上存在せずとも、同じ目的をもつ人々が協力して資産管理等を行い、事業やプロジェクトを推進できる組織を指す。DAOは、株式会社をはじめとする従来の組織とは根本的に異なっており、Web3が本格化する時代において盛り上がる組織形態として注目されている。

ガバナンストークンを発行し、ガバナンストークン所有者の投票によって運営されるという仕組みになっている。DAOにおける意思決定は、ガバナンストークン所有のメンバーによる投票によって

行われる。投票で決定された事項はスマートコントラクトにより自動的に実行されるため、人による恣意的な改ざんや不正が発生することはない。また、意思決定や活動は完全に可視化されるなど、すべてがオープンになっているきわめて透明性の高い組織体系であることも特徴である。スマートコントラクトとは、ブロックチェーン上でコードによる契約や取引条件を取決めで実行するシステムを指し、こうしたスマートな取引によって構築された分散型アプリケーションとトークンを運営する組織が、DAOである。

Web3が目指す世界観を支える重要な要素の1つが「DAO」

　Web3においてDAOがなぜ重要視されているかというと、先述の「非中央集権・分散」の要素が大きく関係している。

　従来の組織との比較（図表2-9参照）として、株式会社を考えてみる。株式会社では、株主総会で選任された3名以上の取締役によって構成される意思決定機関を定款の定めにより設置する。彼らに決定権をもたせることで運営を行う形態になっている。この中央集権型の運営によって、Web2.0時代にある問題が露呈してしまう。Web2.0時代はSNSやシェアなど双方向性が前面に現れたインターネットの時代であるといわれているが、そのようななかで、一部のデジタルプラットフォームや組織体に対して極度に依存する形態が発生してしまったのである。こうして起こったWeb2.0時代の中央集権化問題を解決すべくWeb3という概念が発生した。この概念に基づいた組織運営のシステムを有するDAOは、これからの組織運営において重要なターニングポイントとなるシステムであると認知されている。

　ビットコインやイーサリアムといった、ブロックチェーンであらかじめ決められたルールによって運営されている暗号通貨もDAO

既存の組織	組織と意思決定	DAO
中央集権でトップダウン	組織と意思決定	非中央集権で合議制
基本的に非公開	情報の透明性	パーミッションレスで公開
限定された社員	働く人	だれでも参加可能
基本的に現金の給与	報酬	ブロックチェーンのトークン

図表2－9　DAOと従来形の組織の比較

出所：松元英樹「Web3.0時代の組織運営「DAO（ダオ）」とは何か？」（日経ビジネス電子版、2022年6月20日）より筆者作成

といえる。そのなかでもビットコインはブロックチェーンを活用した初めての暗号通貨であり、初めての完全なDAOとされている。

　地域課題をDAOで解決するといった地域創生における活用や、スタートアップ企業などの比較的規模の小さなコミュニティから、DAOは徐々に広がりつつある。

　2021年10月18日に発足した気候変動問題の解決を目指す「KlimaDAO（クリマダオ）」を紹介したい。KlimaDAOは、環境保護活動家や起業家、そしてWeb3のデベロッパーのグループが集結して結成されたDAOだ。炭素クレジットは先進国間で取引可能な温室効果ガスの排出削減量証明を指す。地球温暖化防止のため、先進国は京都議定書に基づいて、CO_2の排出量上限を決めているが、自国の排出削減努力だけで削減しきれない分について、排出枠に満

たない国の排出量を取引することができる仕組みだ。KlimaDAOで
は、参加者の投資によってより多くの炭素クレジットを購入すると
いうことを行っている。排出枠を守り炭素クレジットを提供する企
業や組織にインセンティブを与えたりすることで、炭素クレジット
市場の効率化を促そうとしている。

このように、社会課題の解決をはじめとして、同じ課題意識や目
的をもった人々が集まって目的達成に向けて取組みを行っていくと
いう「DAO」に注目が集まっており、今後の広がりが予想されて
いる。

意思決定に時間がかかるなどDAOにも課題が残る

DAOの大きなメリットとして、トークンによるリターンがブロッ
クチェーンとスマートコントラクトによって保証され、契約や会社
法に縛られない点があげられる。一方で、意思決定に時間がかかる
という点や、責任所在が不明確という問題点が提起されている。既
存の組織運営では権力者による意思決定は初期の段階で行われる。
しかし、DAOの場合は、プロジェクトコミュニティでの十分な議
論とガバナンストークンによる投票が必要な場合が多く、意思決定
に時間をとられる。本来、すぐにでも緊急対応すべき内容であって
も、毎度投票というプロセスを経て意思決定を図るため結果として
対応そのものが遅れてしまうというリスクもある。さらに、トーク
ン保有者のなかには、早期にプロジェクトからの利益を得たいと考
えている者もおり、長期的な目標から目を背けてしまうことも少な
くない。プロジェクト当事者自身が最大のトークン保有者であるた
め、DAO自体が形骸化してしまうという状況も考えらえる。

また、DAOは非中央集権組織であるため、サービスの実施主体
があいまいで、事件発生時の責任所在が不明確で法的手段がとれな

いリスクがあるとされている。

　こうした問題点が指摘されているものの、DAOへの期待は大きい。Web3の世界の拡大に伴い登場したDAOの仕組みは、Web3時代の新しい組織運営のあり方を示唆している。「効率的な組織運営」を行いたい組織において今後活用が見込めるだろう。DAOのメリットだけでなく、問題点をしっかりと理解したうえで、他の技術と組み合わせるといった工夫をし、取り入れていく必要がある。

▌分散型アプリケーション「DApps（ダップス）」

　Web3に関連するキーワードの中で、DAOと並び頻出であるのが、この「DApps（Decentralized Applications）」である（図表2－1参照）。DAppsは直訳すると「分散型アプリケーション」である。利用者の目に触れないアプリケーションの本体（バックエンド）が分散化されており、UI（User Interface）を担うフロントエンドを含めたアプリの全体像をDAppsと呼ぶ。見た目はごく一般的なアプリと区別がつかない。DAppsのバックエンドはブロックチェーンのスマートコントラクトによって記述されている。詳細は後述するが、DAppsを活用した金融は「DeFi（Decentralized Finance）」と呼ばれる。現在は金融のほか、オークションプラットフォームやゲームなどの開発にDAppsが活用されている。

▌新しい金融のかたち「DeFi（ディーファイ）」

DeFiとは仲介者を不要とする金融システム

　DAOの形態を具現化しているサービスの1つとして、「DeFi」がある。DeFiとは「分散型金融（Decentralized Finance）」の略で、中央の管理者がいない、ブロックチェーン上に構築された金融システムを指す。スマートコントラクトを活用してシステムが構築・運

用されている。DeFiが広まることで、金融の世界が大きく様変わりするともいわれている。

　従来の金融システムは顧客が銀行や証券会社などに資金を預けるなど、中央集権的な管理者を通して取引やサービスを受けていた。しかし、DeFiでは中央管理者を介さずにユーザー同士で金融サービスを利用できるという大きな特徴がある。仲介者が存在しないメリットは、時間的・金銭的コストの大幅な削減だ。時間的な観点で考えると、中央集権的な仕組みで仲介が入る場合、どうしてもタイムラグが発生する。銀行から資金を海外に送金しようとすると、リアルタイムで送金は不可能である。生命保険に加入したり、住宅ローンを借りたりすると、契約手続完了までに1カ月程度のタイムラグが発生するのが当たり前だ。金銭的な観点でみると、銀行などの海外送金では、高額な送金手数料を仲介者に支払わなければならない。生命保険料や住宅ローンの金利にも当然、仲介者への手数料が実質的に上乗せされている。銀行や生命保険会社は、利益があがらなければ、人を雇うこともオフィスを借りることもできない。ATMの管理や書類作成など、あらゆる場面で経費が発生する。この経費を何でまかなっているかというと、手数料や保険料、ローン利子となるわけだ。仲介者不在のDeFiでは、すべてがプログラムによって実行されるため、時間的・金銭的コストを限りなく低く抑えられる。

　また、これはブロックチェーン技術を活用したサービス全般にいえることであるが、DeFiでも利用者間の取引はすべてブロックチェーン上に刻まれるため、透明性が高く、不正行為やデータの改ざんを行うことはほぼ不可能である。

　なお、DeFiと対をなす言葉として、「CeFi：Centralized Finance（中央集権型金融）」があり、仮想通貨（暗号資産）取引所など、中央

管理者を介する従来の金融サービスを指している。

　ウォレットさえあればどのようなDeFiサービスでも利用できるという点もDeFiの特徴としてあげられる。DeFiにはこれまでによくある「会員登録」という概念が存在しておらず、自分のウォレットを接続するだけであらゆるサービスを利用できる。そのため、取引手数料の高い海外送金や、全世界に17億人いるとされる銀行口座を保有しない人にとって、新たな選択肢となりうるとの期待がある。

代表的なDeFiサービス

　現在、すでに数多くのDeFiプラットフォームやサービスが存在している。そのなかで代表的なサービスをいくつかみていきたい。

●DEX（分散型取引所）

　DEX（デックス）はDecentralized Exchangeの略称で、日本語では分散型取引所という。特定の企業や組織が取引所を管理するのではなく、スマートコントラクトによって自動で暗号資産やトークンの交換を実現する交換所のことである。DEXと対照的に、企業が管理するものをCEX（中央集権型取引所「Centralized Exchange」）と呼ぶことがあり、日本で登録されている暗号資産交換業者はすべてCEXだ。DEXでは、ユーザー同士が直接的に暗号資産を取引できるため、よりスピーディーに、コストを抑えて取引できる。取引がスマートコントラクトによって保証されているため、信頼性も高いのが特徴だ。DEXの代表例としてはUniswapがある。取扱い通貨、取引ペアは膨大であり、一時は米国最大の中央集権取引所であるCoinbaseの取引高を超えるなど、利用者が増えている。

●レンディング（貸付）

　暗号資産のレンディングとは、暗号資産を貸し出して利回りを得

る仕組みのことである。

これまで資金の貸付・借入れは基本的に銀行が行ってきた。預金者が預けた資金を、仲介者の銀行が企業に貸し付け、企業から利子を受け取る。受け取った利子は、銀行の経費に充てられるとともに、利息として預金者に還元される。しかし、銀行が企業から受け取る金額と、預金者に還元される金額の間には、当然ながら大きなかい離があった。

DeFiのレンディングプラットフォームでは、仲介者である銀行が存在せず、スマートコントラクトによって借り手と貸し手が直接取引できる。銀行の経費を利子でまかなう必要がないため、借り手にとっても貸し手にとってもメリットが大きい。DeFiのレンディングプラットフォームでは、暗号資産を借りたり、暗号資産を貸して利子を受け取ることができる。お金を貸すという行為で、不労所得を得られるのだ。借り手にとっては、個人情報やクレジットカードの信用情報がなくても、イーサリアムを担保に資金調達できるというメリットがある。代表的なDeFiのレンディングプラットフォームには、Compound（コンパウンド）がある。Compoundに資金を預けることで「預り証」が発行されるが、この預り証を別のDeFiサービスで運用するといったことも可能である。また、取引量に応じてガバナンストークンの「COMP」を獲得でき、金利とCOMPトークンの価格差益が得られるため、効率よく暗号資産を運用可能である。Compoundは、新会社「Compound Treasury」を設立し、機関投資家向けに、秘密鍵の管理、暗号資産から米ドルへの交換、金利の変動といったDeFiサービスのデメリットである複雑さを解消しつつCompoundの市場金利にアクセスできるサービスを発表をしており、DeFiを利用した新しいビジネスモデルの一例ともいえる。

- GameFi

ゲーム業界では、DeFiの要素を組み込み、遊んで利益をあげる Play to Earnモデルをもつサービス、いわゆる「GameFi」（Game× DeFi）の流行もみられる。たとえば、ベトナムのSky Mavisが展開するソーシャルゲーム「Axie Infinity」は、バトルや強化でNFTキャラクターを育成するゲームで、ゲームプレイで得たトークンを売却して収益が得られる仕組みである。また、楽天グループは、シンガポールを拠点にグローバルでGameFiプラットフォーム事業を展開するDigital Entertainment Asset Pte. Ltdと、Web3領域における協業推進に向けた覚書を締結した。なお楽天グループは、NFTマーケットプレイスおよび販売プラットフォーム「Rakuten NFT」を展開しているほか、楽天ウォレット社では、ビットコインをはじめとする暗号資産の取引サービスも提供している。

「分散型」の課題、ガバナンストークンの保有量で生まれる偏り

DeFiには多くの潜在的な利点があるが、同時に欠点も複数指摘されている。詳細は後述するが、たとえばスマートコントラクトの脆弱性、トラブル発生時の責任所在の不明瞭な点などがあげられる。複雑な技術や金融モデルの理解が必要な点や利用者保護の観点、加えて、既存の金融システムとの相互運用性の低さ、初期メンバーが多くのガバナンストークンを保有し自分たちに有利に運営することができるといった完全に分散型とは言い切れない部分がある点なども課題としてあげられている。

Web3に係るその他の技術や
サービス

▌ はじめに

　ここまでで解説したキーワードのほかにも、Web3を語るうえで頻出のキーワードがいくつかあるので、紹介しておきたい。

▌ 個々の仮想世界がつながる世界「マルチバース」

　マルチバース（図表2−1参照）の定義は多様であり、もともとは多元宇宙論などともいわれ、自分のいる宇宙以外に観測することのできない別の宇宙が存在しているという概念を示す科学用語として定義されているが、Web3では、個別に構築されたメタバースがブロックチェーンを通じてつなげられた仮想空間のことを指すことが多い。個々のメタバースがブロックチェーン上でつながり、ユーザーや通貨、デジタルアイテムが表象されたトークンが、プラットフォームを越えて自由に行き来できる世界である。マルチバースを実現するためにはVR、ブロックチェーン、暗号資産の技術を融合する必要があり、それを実現するためにはまだ技術的な点から時間がかかると予想されている。

▌ 異なるプラットフォーム間を連携する「インターオ
ペラビリティ」で利便性向上を目指す

　インターオペラビリティ（図表2−3参照）とは、直訳すると「相互運用性」である。異なるプラットフォーム間で、共通のプロトコルや情報交換の規則などが正しく動作する概念のことを指す。

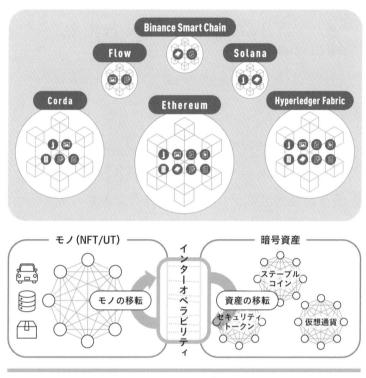

図表2−10　数多く存在するチェーンとブロックチェーン間をつなぐことで新しいサービスを実現

出所：NTTデータ作成

　Web3では、ブロックチェーンにおけるインターオペラビリティの必要性が課題としてあげられることが多い。現在、ビットコインやイーサリアムなど、仕様や搭載機能の異なるブロックチェーン基盤が数多く登場している。たとえばビットコインのウォレットにイーサリアムを送金したい場合は、仮想通貨（暗号資産）取引所を介して1度イーサリアムをビットコインに変換する必要がある。換金が二度手間となるため、利便性が低い。つまり、現状利用されて

いるブロックチェーン基盤はインターオペラビリティのない状態であり、これらに対する研究開発や実証実験が進められている段階である（図表2-10上）。ブロックチェーンでインターオペラビリティが実現すると、異なるブロックチェーン同士でも送金やコントラクト間のコミュニケーションが可能になるため、利便性が格段に向上するものとして期待されている（図表2-10下）。

インターオペラビリティの課題を解決することを目指したプラットフォームも登場している。Polkadot（ポルカドット）はWeb3 Foundation[14]が開発を行っているプラットフォームで、Polkadot（ポルカドット）に接続することで、ポルカドットネットワーク内のさまざまなブロックチェーンと相互運用ができるようになるという特徴がある。Polkadot（ポルカドット）の異なるブロックチェーンをつなげることで、越境取引なども容易になるかもしれない。

インターオペラビリティは、ブロックチェーンにおいて議論されることが多いが、先にあげたマルチバースに関連し、メタバースのインターオペラビリティ向上に向けた取組みも進められている。2022年6月に設立された「The Metaverse Standards Forum」は、オープンなメタバースを構築するため、インターオペラビリティについて業界全体で協力するための団体である。メタバース展開の障害となるインターオペラビリティの欠如を見つけ、その解消のため、必要な標準を決める標準開発組織（SDOs）の作業に取り組む。また、用語の定義やガイドラインの作成などを担うということだ。クロノスグループが組織を運営しており、Meta、Epic Games、Google、Microsoftなど主要プレーヤーが多数参画している。

14　Web3 Foundation：イーサリアムの共同創設者兼元CTOのGavin Wood氏を中心に結成された、ユーザーが自分自身のデータなどを主権的にコントロールできる分散型かつ公正なインターネット（Web3）の構築を目指す団体。

■ デジタルアイデンティティの新しい潮流「SSI/DID」

SECTION 1にて、Web3の特徴の1つに個人情報等のデータは自己管理である点をあげた。個人情報の管理という観点でWeb3と同様に注目を集めているのが「SSI」と「DID」である（図表2－3参照）。これらはデジタルアイデンティティに係る議論のなかで度々登場してきたキーワードであるが、Web3が目指す世界観と近しい概念であるため、こうした仕組みをうまく利用していくことに注目が集まっている。

SSI（Self-sovereign Identity）とは「自己主権型アイデンティティ」のことで、「自分の情報は自分でコントロールする」という概念のことを指す。これまでは、巨大テック企業をはじめとして特定の企業が個人の属性を獲得し、個人情報コントロール権は企業のほうにあった。SSIでは、管理主体が介在せず、個人が自分自身のアイデンティティをコントロールできることを目指している。信頼できる組織から発行された本人の属性情報を取得することや、ユーザーの許可した範囲でサービスプロバイダー等の組織に連携することなどを中心に、SSIの仕組み検討が進められている。代表的な例では、国連なども参画するID2020という取組みがあげられる。国連は持続可能な開発目標（SDGs）のなかで「2030年までに全ての人に出生証明を含む法的なアイデンティティを提供する」という目標を定めている。これは、難民がパスポートを取得することが困難なことに起因している。ID2020では、難民のように国家によってアイデンティティを否認された人々の身元を保証できる仕組みを、SSIに基づき構築しようと検討している。

DID（Decentralized Identity）は「分散型アイデンティティ」のことで、個人が自身の属性情報に関するコントロール権を確保した

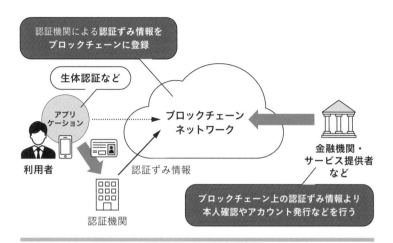

図表 2−11　個人情報を個人がコントロールする概念が登場

出所：NTTデータ作成

うえで、各データ保有者が保有する属性情報のうち必要な情報を、個人の許可した範囲で連携し合う考え方である。ブロックチェーンと分散型台帳の技術から発展しており、プライバシーを保護して安全なトランザクションを可能にする。DIDの活用事例として世界各国で検討されているテーマとして、学位・履修履歴証明があげられる。DIDと関連づけられた証明書を個人に発行し、個人がその証明書を管理する、といった仕組みを実装することで、学位履修履歴等の真正性を保つことへの解決となることが期待される。

デジタル化した有価証券「ST（セキュリティトークン）」に寄せられる期待

　ST（セキュリティトークン、図表2−3参照）とは、株式、債券、不動産といった伝統的な金融商品から、会員権、金銭債権、し好品等までさまざまな資産を表象するトークンであり、このSTを発行

することによる資金調達手法がSTO（セキュリティトークンオファリング）である。ただし、STという言葉には世界共通の定義はなく、先述したとおりさまざまな資産をデジタル化したものという広義の解釈もあれば、ブロックチェーン等の電子的技術を使用して発行された法令上の有価証券という狭義の解釈もあるため、文脈によって対象範囲が異なることについて留意する必要がある。また、NFTと広義のSTには、同じような資産をトークン化している事例がある。たとえば、広義のSTの事例として、時間とともに価値があがるウィスキーを担保にしたファンド "Wave Kentucky Whiskey 2020 Digital Fund" があげられる。2020年3月の発表によると[15]、デジタル資産運用会社のウェーブ・フィナンシャル（Wave Financial）はケンタッキー州のバーボン年間生産量をトークン化し、世界中の適格投資家への販売を募集した。一方で、NFTの事例としてSECTION 2で紹介した、ウィスキーの樽にNFTを紐づけることで所有権の証明および移転登記をデジタル化し簡便・安全に行うUniCaskプロジェクトも登場している。

　NFTとSTの大きな違いは、発行されるトークンが金融商品として扱われるかどうかである。STは金融商品として扱われるため、各国の有価証券と同等の法規制が適用されることになる。そのほかにも代替可能かどうか、ブロックチェーン基盤における規格の違いといった点があげられるものの、トークンがSTとして扱われ法規制に即した対応が必要となるかどうかは、収益分配性があるか等の観点から発行されるトークンごとに判断していく必要がある。

　次に、STO登場の流れについてみていこう。STOが登場する2017年末より前に、新規の暗号資産公開による資金調達手段として

---

15 「ウィスキーがお好きでしょ？　投資先に──20億円超のトークン化、400万本分」（coindesk JAPAN、2020年3月29日付）

ICO（イニシャルコインオファリング）が注目を集めた。ICOでは、プロジェクトの目的や方針、資金の使い道等をまとめたホワイトペーパーを公開するとともに暗号資産を発行し、賛同する投資家が暗号資産を購入することで、世界中から資金を募ることができるようにした。一方で、IPOのように上場に際する複雑な手続や厳格な審査が不要といった手軽さから、詐欺や不正事件が目立つようになった。STOが注目を集めるようになった背景には、こういったICOの問題点を解消する手法として、裏付け資産をもち、法規制に準拠し比較的安全性が高いことが重要であるという認識が広まったことにある。

国内では、2019年5月に成立した改正金商法において、セキュリティトークンは電子記録移転有価証券表示権利等として暗号資産とは別のものとして定義される等、テクノロジー活用の取組みの活性化に向けた枠組みが整理された。これらの法整備を受け、証券会社や信託銀行等を中心とした団体がデジタル証券取引の活性化を目指して発足し、活動している。一例を取り上げると、三菱UFJ信託銀行、三菱UFJモルガン・スタンレー証券、三菱UFJ銀行が主体となり発足したST研究コンソーシアム（SRC）は、デジタル証券の発行や管理を行う独自基盤「プログマ（Progmat）」の開発・提供を進めている。2022年4月にはデジタルアセット共創コンソーシアム（DCC）に改組し、2022年12月には、他のメガバンクグループなどの大手金融機関と日本取引所グループ（JPX）も連携し、デジタル証券の発行を進めると発表した[16]。また、野村ホールディングスやSBIホールディングスでは、STの公募を2021年に開始しており、一

---

16 三菱UFJ信託銀行プレスリリース「デジタルアセット市場における"ナショナルインフラ"構築に向けた、合弁会社設立に関する共同検討の開始について」（2022年12月21日）

般の個人投資家でもSTを購入することが可能である[17]。

　STの市場規模は、国内では20件、250億円程度にとどまるものの、10年後までに累計で4兆円規模の発行が見込まれている。また、世界全体では2025年までに40兆円市場になるとの予測もある[18]。今後はSTによる個人投資家向けの新しいビジネスモデルの活用や、新たな金融商品の開発による市場開拓が期待される。

SECTION 5 | Web3を取り巻く国内外の動向

▍はじめに

　社会のさまざまな領域から多くの人・企業がWeb3の領域に参入してきており、その是非はさておき、技術領域と概念の進化は不可逆的なものといえる。ここでは、国内外の動向を押さえていきたい。

▍Web3の領域への進行はグローバルで不可逆的

　欧米では、政府を中心としてWeb3における自国の競争力強化・グローバルハブ化に向けた取組みの強化を進めており、さらにアジアにおいては、シンガポールやアラブ首長国連邦等一部の国で優遇税制等の支援策により、企業誘致が先行している状況だ。一方で、

17　SBIホールディングスプレスリリース「国内初となる一般投資家向けセキュリティトークンオファリング（STO）実施のお知らせ」（2021年4月19日）

18　21 finance "STO101 Security Token Offerings: Anatomy & Context Part1: How to Successfully structure STOs" JUNE 2021

金融システムに与えるリスク等をふまえ、各国・各地域では金融当局等も中心となり、規制と産業振興のバランスが模索されている。

　2014年にイーサリアム共同設立者のギャビン・ウッド氏は「Web3」という言葉を提唱した。それに先駆けて2013年、アメリカ国家安全保障局（NSA）および中央情報局（CIA）の元局員であるエドワード・スノーデン氏が、英国などの複数のメディアを通じNSAによる「個人情報収集」の手口を告発し、機密文書を公開したことで騒動となった。NSAが世界的に通信傍受を行っていたとの報道をきっかけに、欧米において「監視をやめろ、プライバシーを守れ」といった抗議のデモが起こるなど、混乱を極めた。その後、米国では2015年に米国自由法が、英国では2016年に調査権限規制法が制定され、サイバー空間における無差別のデータ収集に一定の規制がかけられることになった[19]。

　一方で、Facebookユーザーの8,700万人分もの膨大なデータが2016年の米大統領選挙に不正に使用されたとの報道がなされたり、近年においても５億人を超えるユーザーの個人情報流出が判明するなど、相次ぐ疑惑や不祥事が浮上したことで、人々の個人情報保護に対する意識が高まっていった。こうした流れから、海外においても特に欧米におけるWeb3に関連する取組みが活発だ。

　Web3の領域では特に環境変化や技術発展のスピードが目まぐるしいことから、どうすればイノベーションを阻害せずに消費者を適切に保護できるような、柔軟かつ安心・安全な制度やルールを設計できるかという試行錯誤が、各国・各地域で今後も継続的になされていくことが予想される。さらに、Web3の領域は、それぞれの国

19　小谷賢「一般人の情報も盗られる？　スノーデン氏が危惧した「ファイブアイズ」とは何か」（Web Voice）

家単位ではなくグローバルでの経済・消費活動が前提となっている。したがって、各国・各地域における制度・ルール設計に際しては、その国・地域固有の法制度や慣習等のみをベースとするのではなく、常に他国・地域における規制内容や整備状況をふまえつつ、グローバル視点でルールメイキングがなされていくことが想定される。

各国・地域におけるWeb3に係る主な動向等

国／地域	主な動向（2022年12月時点）
グローバル	・金融安定理事会（FSB）が暗号資産事業に対する国際的な規制・監督の枠組みに関する提言案を公表（2022年10月）。 ・バーゼル銀行監督委員会が、銀行の暗号資産保有に関する国際的な規制を今後導入する方針を公表（2022年12月）。
欧州	・仏マクロン大統領がWeb3について「必要不可欠で逃すべきではない好機」と表現しつつ、仏国含め欧州がリードする必要があると発言（2022年4月）。 ・包括的な暗号資産市場規則案「MiCA」が暫定合意（2022年6月）。 ・ECBのラガルド総裁が、FTX経営破綻を受け「取引所の安全性・信頼性の問題が顕在化しており、より広範な規制が必要」という趣旨の発言（2022年11月）。
英国	・財務省が「英国を暗号資産技術のグローバルハブにする」ための一連の施策の大枠を公表（2022年4月）。 ・すべての暗号資産の規制権限を金融行動監視機構（FCA）に付与する法案修正案を議会に提出（2022年10月）。FCAにおける暗号資産の権限を明確かつ強化する目的。
ウクライナ	・ロシアによる侵攻を受け支援金を集めるために「ウクライナDAO」を発足し、ウクライナ国旗のNFTを販売

	するなどして寄付を募った（2022年2月）。
米国	・バイデン大統領が「デジタル資産の責任ある発展を保証するための大統領令」に署名のうえ、関係省庁に対し調査・報告を行うよう指示（2022年3月）。それら主要な優先事項に対する報告書を公表（2022年9月）。 ・ワイオミング州ではDAOに適した法人化の法制が整備されている。カリフォルニア州では知事がWeb3イノベーションを促進するための知事令に署名。
カナダ	・カナダ証券管理局（CSA）が暗号資産事業者への規制を強化（2022年12月）。証拠金取引やレバレッジ提供の禁止、顧客資産の適切な分別管理等が含まれる。
シンガポール	・シンガポール金融管理局（MAS）は暗号資産取扱業者向けの規制強化案を公表（2022年10月）。消費者保護に重点を置く内容を打ち出している。
中国	・上海市人民政府総局の草案「第14次5カ年計画」でメタバース関連技術の開発強化の必要性に言及（2022年7月）。 ・中国政府主導のデジタル人民元を推進する一方で、暗号資産に対して厳しい規制を課している。
韓国	・政府がメタバースのエコシステム構築に2,237億ウォン（約214.5億円）を投資する旨発表（2022年2月）。 ・ソウル市は、都市サービスの改善やバーチャル観光の実現を目指し、「メタバース・ソウル」の構築に向け取り組む。
アラブ首長国連邦	・所得税・法人税非課税、100%外国資本での法人設立を認める特区に暗号資産ビジネスのインキュベーションセンターを設置（2021年5月）し、外国企業を積極的に誘致。 ・世界のテクノロジー企業を誘致し経済の活性化や技術発展モデルの確立を目的とした「ドバイ・メタバース戦略」を発表（2022年7月）。

欧州ではEUをはじめとして規制の整備を進める

　欧州においては、英国のほか仏国における動向に注視したいところだ。2022年4月、仏マクロン大統領はメディアのインタビューで、Web3について「必要不可欠で逃すべきではない好機」と表現しつつ、仏国と欧州全体がリードする必要があると発言した。メタバースに関しても「ヨーロッパ・メタバース（European metaverse)」構想が掲げられており、Web3やメタバースに関連した技術領域の強化やビジネス領域の拡大に意欲的だ[20]。

　他方で、暗号資産市場への資金流入をふまえ規制の議論も進む。EUにおける暗号資産市場の規制の枠組みとして2022年に暫定合意した「MiCA：Regulation on Markets in CryptoAssets」は、可能な限りイノベーションを阻害せずに消費者保護や金融安定性確保を図ること等が目的といわれている。さらに、先般のFTX破綻などを受け、より規制を拡大すべきとの主張もみられている[21]。

北米では米国を中心にWeb3への取組みに着手

　GAFAなどの巨大テック企業を抱えている米国では、若者を中心としてWeb3に係る議論も活発だ。米国では、「BANKLESS（銀行なし)」を掲げる動きも出てきているようだ。

　Web3においては、「クリプトエコノミー」という新しい経済圏が形成される。クリプトエコノミーでは、円やドルといった法定通貨（フィアット）ではない暗号資産（クリプト＝仮想通貨やトークン）

20　"French innovation, audacity and genius have made our greatness and our success"（The Big Whale, 2022. 4. 21)、「「逃すべきではない好機」仏マクロン大統領、Web3. 0について海外インタビューで言及」（COIN POST、2022年4月25日)

21　Cryptonews "European Central Bank President Christine Lagarde Calls For Crypto Regulation in EU Following FTX Collapse, Says It is 'Very Much Needed'" 29 Nov 2022

が流通しており、現金を必要としないのである。そうなれば、銀行口座も不要というわけだ。こうしたムーブメントの広がりもあり、政府における動きもみられ始めている。

政策動向については、2022年3月に米国のバイデン大統領が「デジタル資産の責任ある発展を保証するための大統領令」に署名し、さらに関係省庁に対して、デジタル資産を巡る状況等に関する調査・報告を行うよう指示した。2022年9月には、大統領令で特定された主要な優先事項に対する報告書が公表され、そのなかでは、デジタル資産に係るリスクへの対処やガイドライン策定など、今後のデジタル資産の拡大を想定した内容が講じられている。

制度面では、州単位で整備が進められている段階だ。たとえばワイオミング州では会社法が改正され、DAOに適した法律が制定、施行されている。国全体としての制度整備には時間を要するであろうが、スタートアップ企業の盛り上がりや地域特性などもふまえて、州単位から整備が進められていくことが想定される。

アジアではシンガポールが先駆的か

シンガポールでは、早くから政府によるWeb3関連事業の推進が行われており、企業によるビジネス参入を行いやすい環境整備が進められている。シンガポール金融管理局（MAS）は、2016年頃からブロックチェーンに基づく資金決済の実証事業等を推進している。他方で、暗号資産取扱業者向けの規制強化案を公表する等、投資家保護やリスク管理にも取り組んでいる。これまで、東南アジアの金融の中心地であり、キャピタルゲイン課税が存在しないなど有利な事業環境のあるシンガポールで国内外の多くの暗号資産取扱業者が事業免許を申請してきたが、今後は規制強化により、このような動きに変化が生じる可能性があるとされている。

また、MASは2022年6月に、トークンやDeFiのユースケース研究等を目的とした「プロジェクト・ガーディアン」を開始した。2022年11月には、シンガポールのDBS銀行、米国のJPモルガン、日本のSBIデジタルアセットホールディングスが参加し、多国間の国債・通貨のトークン化・取引のパイロットプログラムを遂行した旨をMASが公表した。このことから、OTC（店頭取引）で必要な清算・決済の仲介コストなどが将来的に不要となる可能性が期待されている。

なお、日本では税制、会計制度、法制度、知財の権利関係といったさまざまな面から課題が多く、日本人がWeb3に係る事業を行う場合は、日本と比べて事業環境が整っているとされるシンガポールなどに本社を構えるケースが多く、海外へ人材が流出してしまっていることが問題となっている。

海外の金融機関、Web3への参入が進む

海外の金融機関ではWeb3参入が徐々に進んでいる。特に大手金融機関においては、メタバース領域への参入が活発であるほか、暗号資産に係る事業検討に着手した段階だ。

JPモルガン・チェース銀行（米国）はメタバースにラウンジをもち、暗号資産に係る情報提供を行っている。また、2022年11月にはデジタルウォレットを使った暗号資産決済サービスなどに対する「JP Morgan Wallet（JPモルガンウォレット）」という商標を取得しており、メタバースにおける決済手段の拡充のほか、今後の暗号資産決済の導入などがささやかれている。同月には、初のDeFi取引を行うなど、Web3に係るさまざまな動きをみせている。そのほか、Jane Street（米国）がDeFiプロトコルを利用した借入れを行うなど、金融機関によるDeFiへの参入の動きが少しずつみられている。

カストディ領域においても同様だ。BBVAのスイス部門「BBVA Switzerland」は2021年9月、暗号資産の専用ウォレットをローンチしたことを発表した。なお、それに先立ちBBVAは2021年6月より、スイスのプライベートバンクの顧客に対し、ビットコイン取引とカストディのサービス提供を開始していた[22]。仏国のメガバンク「Societe Generale（ソシエテ・ジェネラル）」も、2022年10月にデジタル資産サービスプロバイダーのライセンスを取得し、子会社Forgeはフランスにおける暗号資産売買とカストディ提供が可能となった[23]。このように、海外では暗号資産を取り扱う銀行が徐々に増えてきていることから、取扱いの増加に伴い、制度整備も進んでいくことが予想される。

■ 日本政府や国内金融機関もWeb3の取組みに着手

政府・行政におけるWeb3推進が始まる

　日本政府は、2022年6月に閣議決定した「経済財政運営と改革の基本方針2022について（骨太方針2022）」において、Web3の環境整備を本格化していく意思を示した。これを受けて、各省庁においてはWeb3およびメタバースに係る研究会の設置やディスカッションなどが活発化している。2022年12月時点においては、デジタル庁を中心として各省庁における役割分担の可視化を試みており（図表2−12）、関連省庁とで連携を図り、Web3に係る将来の可能性や課題について整理・ディスカッションを進めている段階だ。今後の産業振興や規制整備に向けて、着々と動きをみせている。

22　BBVA "BBVA Switzerland launches New Gen, the digital account that enables investments in sectors with the greatest impact on the future", "BBVA Switzerland opens bitcoin trading service to all private banking clients"
23　「金融大手ソシエテ・ジェネラル、フランスで仮想通貨ライセンスを取得」（COINPOST、2022年10月17日）

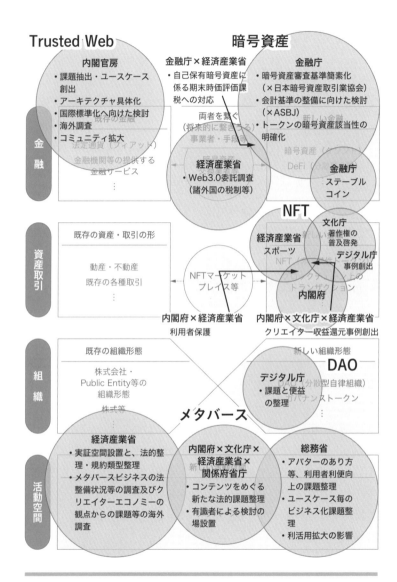

Trusted Web

暗号資産

内閣官房
・課題抽出・ユースケース創出
・アーキテクチャ具体化
・国際標準化へ向けた検討
・海外調査
・コミュニティ拡大

金融庁×経済産業省
・自己保有暗号資産に係る期末時価評価課税への対応

両者を繋ぐ
(将来的に繋がる)
事業者・手数料

金融庁
・暗号資産審査基準簡素化
（×日本暗号資産取引業協会）
・会計基準の整備に向けた検討
（×ASBJ）
・トークンの暗号資産該当性の明確化

経済産業省
・Web3.0委託調査
（諸外国の税制等）

金融庁
ステーブルコイン

金融

既存の金融

法定通貨（フィアット）

金融機関等の提供する金融サービス

新しい金融

暗号資産（クリプト）

DeFi

NFT

資産取引

既存の資産・取引の形

動産・不動産

既存の各種取引

NFTマーケットプレイス等

経済産業省
スポーツ

文化庁
著作権の普及啓発

デジタル庁
事例創出

内閣府

NFT

ブロックチェーン上のトランザクション

内閣府×経済産業省
利用者保護

内閣府×文化庁×経済産業省
クリエイター収益還元事例創出

組織

既存の組織形態

株式会社・
Public Entity等の
組織形態

株式等

DAO

デジタル庁
・課題と便益の整理

新しい組織形態

DAO（分散型自律組織）

ガバナンストークン

メタバース

活動空間

経済産業省
・実証空間設置と、法的整理・規約類型整理
・メタバースビジネスの法整備状況等の調査及びクリエイターエコノミーの観点からの課題等の海外調査

内閣府×文化庁×経済産業省×関係府省庁
・コンテンツをめぐる新たな法的課題整理
・有識者による検討の場設置

総務省
・アバターのあり方等、利用者利便向上の課題整理
・ユースケース毎のビジネス化課題整理
・利活用拡大の影響

図表 2−12 国内各省庁の取組み
出所：デジタル庁「Web3.0研究会報告書」

Web3に係る政府や省庁・団体等の主な動向

主体	主な動向等（2022年12月時点）
総務省	・「Web3時代に向けたメタバース等の利活用に関する研究会」を設置し、利便性向上やビジネス化に向けた課題、メタバース拡大の影響等を議論（2022年8月〜）。
デジタル庁	・「Web3.0研究会」を設置し、NFTやDAO等Web3サービス推進に向けた環境整備や社会のあり方などを議論のうえ、2022年12月には研究会報告書を公表（2022年10月〜）。 ・研究会では、独自のDAOを設立し、行政の立場として自らDAOの課題や可能性について確認・議論。
経済産業省	・「仮想空間の今後の可能性と諸課題に関する調査分析事業」報告書を公表（2021年7月）。 ・省内横断組織として「大臣官房Web3.0政策推進室」を設置（2022年7月）。専門家等との議論を経て「Web3.0事業環境整備の考え方」を公表（2022年12月）。 ・「Web3.0時代におけるクリエイターエコノミーの創出に係る調査事業」を公表し、主にクリエイターの観点から議論や実証事業を継続（2022年7月〜）。 ・「スポーツDXレポート」を公表（2022年12月）しスポーツビジネスにおけるNFT等の活用事例や可能性を提示。
金融庁	・「デジタル・分散型金融への対応のあり方等に関する研究会」を設置し、Web3に関する金融サービス・金融規制のあり方等を議論（2021年7月〜）。 ・2022事務年度金融行政方針に、暗号資産等に関する環境整備を進める旨を盛り込み（2022年8月）。 ・ステーブルコインの取扱い等に関するガイドライン等の策定に向けた意見募集を実施（2022年12月〜）。
文化庁	・Web3におけるコンテンツ創作・流通・利用のあり方やクリエイターや権利保持者の保護、著作権等を議論。

自民党	・デジタル社会推進本部下のプロジェクトチーム中心に「NFTホワイトペーパー Web3.0時代を見据えたわが国のNFT戦略」を取りまとめ（2022年3月）。
	・上記プロジェクトチームが「web3政策に関する中間提言」を公表し、トークン関連の税制改正、個人の暗号資産に対する所得課税の見直し、DAOに関する特別法の制定等のテーマが重要と提言（2022年12月）。
その他	・日本経済団体連合会は「web3推進戦略—Society 5.0 for SDGs実現に向けて—」を提言（2022年11月）。
	・日本暗号資産ビジネス協会は、Web3.0推進に関する考え方を取りまとめたレポートを公表（2022年12月）。

国内では一部の金融機関が検討着手した段階

　現状、日本の金融機関において公表されているWeb3の取組み事例はそれほど多くないものの、一部の先進的な金融機関が、Web3の浸透を見据えてメタバース・NFT等の事業検討に着手し始めている。

● 国内における銀行の取組み

　三菱UFJ銀行はブロックチェーンゲーム企業のAnimoca BrandsとNFT関連事業で協業することを発表した（2022年3月3日発表）[24]。協業を通じて、NFTの発行・出品等の支援や、購入・保管に向けたサービス提供等の検討を行う予定としている。また、ANAホールディングスと損害保険ジャパンと提携し、メタバース上での金融サービス提供に向けた調査、データ分析や有用性などを検証していくと発表した[25]。

　三井住友フィナンシャルグループでは、三井住友銀行が2022年7

24　三菱UFJ銀行「Animoca Brands 株式会社との協業について」（2022年3月3日）

月に、トークンビジネスにおけるハッシュポートとの協業を発表した。「トークンビジネスラボ」を設置し、トークン技術の実証実験や、トークンビジネスを検討する企業の支援などに取り組むこととしていた。2022年12月には、「ソウルバウンドトークン（SBT）」という譲渡不可能なNFTの仕組みを活用し、自身の経歴を証明する実証実験をハッシュポートと実施することを発表した。個人の経歴や行動履歴を示すトークンとしてSBTを利用することで、将来的には、コミュニティやサービスごとに参照トークンを使い分け、匿名性を保ちつつスキルや経験を証明できる仕組みが実現できるのではないかと期待されている[26]。

また、大手行が中心となりコンソーシアムを立ち上げ暗号資産の取扱いを検討している事例もある。三菱UFJ信託銀行が主催する「デジタルアセット共創コンソーシアム」は2022年11月、ステーブルコインの導入と普及を目指すワーキンググループを設置した。暗号資産業者や法律事務所などのほか、オブザーバーに経済産業省など多数組織が参画し、ステーブルコインの可能性や課題等について整理を行っている[27]。

SBIホールディングスは、SBI NFTを通じてNFTマーケットプレイスの運営、およびNFTコンサルティングなどのサービスを展開するほか、メタバース領域においても「日本デジタル空間経済連盟」の設立を主導するなど、積極的な取組みを行っている。また、

25　ANA NEO、損害保険ジャパン、三菱UFJ銀行「ANA NEO、損保ジャパン、三菱UFJ銀行の３社でメタバース金融の実現に向けた基本合意書を締結」（2022年11月8日）

26　三井住友フィナンシャルグループ、三井住友銀行、HashPort、HashPalette、HashBank「Soulbound Token 領域におけるHashPortグループとの業務提携検討について」（2022年12月8日ニュースリリース）

27　三菱UFJ信託銀行「「パーミッションレス型ステーブルコイン」の健全な導入・普及に向けたワーキンググループの設置について」（2022年11月30日）

2022年11月には、「SBIデジタルハブ」を設立（プロジェクトカンパニーと協同設立）し、Web3関連ビジネス創出と推進の旗振り役を担う存在として、注目を集めている[28]。

　地方銀行においては、メタバースに係る取組みが少しずつ増えている状況だ。千葉銀行は、新卒採用の内々定者向けイベントや、自治体向けのデジタルと地方創生をテーマとしたイベントをメタバース上で開催するなど、存在感を着実に示していっているといえる[29]。また、島根銀行は、2022年5月にメタバース上で開設された「しまね縁結び商店街」にブース出典し、取扱商品の案内や金融関連セミナー等を実施した[30]。こうした新しい取組みは、金融機関のイメージ変革やブランド向上にも一役買っているのではないだろうか。

　このように、イベントへの出展といったところからメタバースに参入し存在感を示すと同時に、メタバースにおける下地をつくりつつ若年層の顧客接点創出などを目的とした新サービスの検討を図る金融機関が出てきている。今後は実際にメタバース上での金融サービスの提供といった領域に踏み込んでいく金融機関も出てくることが予想される。

● 国内における証券会社や保険会社の取組み

　そのほか、証券会社においてもWeb3参入の動きがみられている。野村ホールディングスは新会社「Laser Digital Holdings AG」をス

28　「SBIホールディングスとプロジェクトカンパニー、Web3.0時代の事業開発支援を行う新会社「SBIデジタルハブ株式会社」を設立」（2022年11月18日）

29　千葉銀行「メタバース空間を活用した実証実験における外部向けイベントの開始について」（2022年10月20日）

30　島根銀行「〜仮想空間（メタバース）への取組み〜島根城下町食文化研究会主催【しまね縁結び商店街】への島根銀行ブースの出店について」（2022年5月20日）

イスで設立しており、デジタルアセットに特化した事業を行う予定だ[31]。また、野村證券らによるジョイントベンチャー「コマイヌ」は機関投資家向けにデジタルアセットのカストディサービスを提供しているところ、2022年11月にはドバイ暗号資産当局からライセンスを取得したと発表しており、今後の動向が着目される[32]。

また、保険会社においては、2022年にメタバース関連の取組みの発表が相次いだ[33]。メタバースを新たな顧客接点の場としてとらえ、仮想店舗やメタバース固有の保険商品の開発などを行うといった動きだ。

このように、メタバースへの注目度の高まりを新しいビジネス創出の機会ともとらえ、新たなサービスの検討や企業としての新たな挑戦に取り組む動きがみられるため、今後も注視していきたいところだ。

31　野村ホールディングス「デジタル・アセット子会社の社名および体制について」（2022年9月21日）

32　"Komainu secures MVP licence from Dubai's Virtual Assets Regulatory Authority" 22.Nov.2022

33　「生保大手が相次ぎ実証、「メタバース」は顧客つなぎ止めの切り札になるか」（日刊工業新聞、2022年7月5日付）

はじめに

Web3によって人々の生活が大きく変わると考えられているが、どのような変化が起こるのだろうか。ここまでのおさらいも含めて整理すると同時に、Web3が普及するにあたってボトルネックとなりうる課題についても言及したい。

Web3が社会に与える影響は多大

国境や人種を越えた自由なインターネット利用

Web3が普及することで期待できる1つ目の効果は、世界中のユーザーが企業や国境の制約なくインターネットを利用できるという点である。Web2.0における中央集権的なサーバにアクセスできるのは企業の内部の人間のみであり、外部の人間は中に格納されている情報にはアクセスできなかった。国の政策により、一部のサービスへアクセスできない国もいまだに存在する。

Web3におけるブロックチェーンへの参加には国籍や人種の制限が存在せず、個人情報が集中したサーバも存在しない。だれでも自由にインターネットにアクセスできる世界を実現することが可能となるのである。また、データを管理する仲介者を介さず、個人間で自由にやりとりができるようになるため、自由な参加に加えて表現の自由も可能となる。

個人がプライバシーを取り戻す

　Web3が普及することで期待できる2つ目の効果として、インターネットにおけるプライバシーの主権を個人が取り戻すことができる点があげられる。Web2.0の世界では、巨大テック企業のもとに膨大な量の個人情報が集まっていた。これらの企業のデータベースサーバは多くの人々の個人情報が集中管理されているため、これまでもサイバー攻撃の標的となってきた。企業によってプライバシーがどこまで守られているのかも不明瞭だ。

　それに対して、Web3には「個人情報や履歴データ等を自己管理できる」という特徴があるため、検索履歴や行動履歴から個人情報が収集されなくなることでプライバシーを守れる、情報セキュリティが向上するといった効果のほか、一部の情報を任意で提供することで対価として報酬を得られるようになるといった点にも期待の声があがっている。Web3が普及することで、個人情報が一部の企業に暗黙的に管理される仕組みがなくなり、ユーザー同士が互いに情報資産を監視できる仕組みが確立されるとの期待がある。

　その他にも、SECTION 3にて解説したDAOやDeFiなどによる金融取引や組織の変化は、人々の生活や企業活動に大きな影響を与える可能性がある。さらに、組織の変化に伴う人々の働き方、教育といったところへの影響も予想される。こちらはCHAPTER 4で触れたい。

　いずれにしても、Web3は特定の企業などではなく個人が主権をもつという考えのもと、多岐にわたる変化の可能性が予想されている。これらの変化を「危機」ととらえるか「チャンス」ととらえるか。Web3の特徴を十分に理解したうえで、5年後、10年後に訪れると予想される社会に向けて備えたいところだ。

Web3の普及にはセキュリティ課題への対応や規制の整備がカギ

　Web3は、新たなビジネス機会を提供すると同時に、解決すべきさまざまな課題がある。個々の技術・仕組みに対する課題はSECTION 2とSECTION 3にて触れたが、ここでは、Web3全般で懸念されているセキュリティや規制コンプライアンスといった面から課題をみていきたい。

マネーローンダリング等のリスクへの対応が必要

　2021年に始まったNFTブームは、暗号資産市場が低調な2022年も継続している。しかし、その人気の高まりから、詐欺や偽物作品などの不正行為が増加の傾向にある。米財務省は、一度の取引額が高額であり、かつ取引がされやすい環境では、マネーローンダリングが起きやすいと指摘している。NFT技術などによって形成されるデジタルアートは「地理的な距離を気にすることなく、国境を越えてほぼ瞬時に送金できるため、不正な犯罪収益の洗浄を目的とする人々に利用されやすい」としている。

　NFTだけではなくDeFiでもさまざまな懸念がある。DeFiは分散型のガバナンスであることから、規制遵守の責任を負う事業者や個人の特定が困難であること、また、DeFiプロジェクトがグローバルに提供されているという性質がある。そのため、適用される法的管轄が必ずしも明確になっていないうえ、十分に定義されていない可能性があることや、本人確認を不要とする技術、プライバシー強化を目的とした技術を採用した場合に、違法行為、マネーローンダリング、テロ資金供与または制裁措置の回避を誘引する可能性があることなどがリスクとされている。

法制度の整備が急務

　2022年5月、韓国発の暗号資産テラ（Terra）USDとその姉妹トークンルナ（Luna）の価格大暴落により、一夜にして600億ドル相当の価値が市場から消え去った事件は記憶に新しい。ステーブルコインを同等の価値のあるトークンとリンクさせ、需要供給量の変動に応じてトークンの発行・償却を行うことで価格を安定させるようにプログラムされているが、市場からテラが大量に引き出されたことによりルナの供給量が大幅に拡大し、市場の不安感からすでに価値が下落していたルナの価値をさらに押し下げたのだ。テラ騒動が社会に投げかけた波紋は、暗号資産に対する適切な規制強化やユーザーの保護対策が最重要課題の1つであることを浮き彫りにした。

　暗号資産のほかにも、法規制の整備が必要であると考えられるケースはさまざまだ。たとえば、NFT関連で著作者と購入者との間で権利関係をめぐった問題が起こった場合の対処であったり、国境を越えたNFTマーケットプレイスでの取引においてトラブルが起きた際に、国によりNFTについての取扱い方が異なる場合は対応が複雑になるといったことも考えられる。

　海外では法的制限が少なく投資が活発であるのに対し、国内では投資活動に対する法律や法人に対する税制の整備が必要であり、事業展開上の障害となっている。Web3の普及には、ブロックチェーン技術の発展に対応するだけでなく、利用環境や健全な市場の早急な整備が求められるだろう。

トラブル発生時の責任所在はどこに

　DeFi等Web3サービスではその運営にあたりDAOの形態をうたっていることが多い。SECTION 3において解説したが、これは中央集権的な決定権者を排除し、コミュニティを構成するメンバー

による投票によって「民主的に」サービスを運営するものだ。金融機関などの第三者による仲介を排除し個人と個人との間での取引をスマートコントラクトにより自動執行するという実装方式と相まって、Web3の分散性をかたちづくるものとなっている。

　一方でこうした形態においては責任主体が不明確であり、法的規制や損害賠償請求をするにも対象となる相手がいないという問題を生じさせる原因になっている。

　金融庁の公表した分散金融の技術的リスクに関するレポートでは、代表的なDeFiサービスのガバナンスの実態について詳細に記載されている。そこで明らかにされているのは、DAOにおける投票という民主的プロセスによる運営をうたいながら、ごく一部のスタートアップメンバー等でガバナンストークンを保有することにより、恣意的な運営がなされていること、また一方で、なんら責任を問われず、何かトラブルがあっても参加者の自己責任とされだれも責任をとることがないという実態であった。さらに、なんらか当事者間においてトラブル・紛争が起こった場合に、仲介となる管理者が不在である点も現時点のWeb3の特徴だ。

　このように、多くのWeb3サービスはガバナンスが不明瞭であるという課題を抱えているといえるだろう。

セキュリティの脆弱性は不安要素に

　Web3においては、利用サービスにハッキング事故が起きて暗号資産が盗まれても、個人の自己責任となる。ユーザーのセキュリティおよびブロックチェーンネットワークのセキュリティ強化が課題となる。

　2016年に起こった「The DAO事件」を例にあげる。「The DAO」というイーサリアムのプラットフォーム上の分散投資組織が、運営

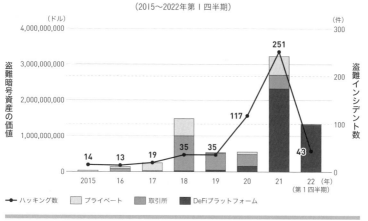

被害者タイプ別の盗難件数および盗難被害総額
（2015〜2022年第Ⅰ四半期）

図表2－13　DeFiプラットフォームを標的とした攻撃は増加
出所：Chainalysis「ハッカー達がDeFiプラットフォームからこれまで以上の暗号資産を窃盗」

資金として約150億円もの暗号資産を集め話題になった。しかし、運営に賛同しない投資家が預けている自分の資金をDAOから切り離し、新しいDAOを作成することができる「スプリット」という機能にバグがあり、この脆弱性に付け込んだハッカーによって、当時の価格にして約52億円ともいわれる不正な資金送金事件が起きたのである。基本的には、DAOが通常利用するブロックチェーン上では安全に完結できるが、他のブロックチェーンへまたぐ「ブリッジング」の際はセキュリティリスクが高まる。

　また、DeFiプラットフォームではスマートコントラクトの脆弱性が突かれ、投資家の暗号通貨が盗まれるケースが増加している。サイバー犯罪者が、投資家の暗号資産に対する関心の高まり、クロスチェーン[34]機能の複雑さ、DeFiプラットフォームのオープンソースの性質などを悪用しようとしているのである。たとえば、米国の

ブロックチェーン分析会社Chainalysisの調査によると2022年1月から3月にかけて、サイバー犯罪者によって13億ドルの暗号資産が盗まれ、そのほぼ97%がDeFiプラットフォームからだったという。DeFiプラットフォームを標的とした攻撃は2020年の30%、2021年の72%と年々増加しているという（図表2-13）。さらに、米国連邦捜査局（FBI）はサイバー犯罪者のフラッシュローン攻撃[35]、ブリッジ[36]の脆弱性に対する攻撃なども観測しているとのことだ。このような状況をふまえ、FBIは2022年8月、DeFiの投資家とDeFiプロトコルに対して注意喚起を促す文書を公開した[37]。

DeFiでは運営や資金管理をすべてインターネット上で行っているがゆえに、セキュリティ的な脆弱性の不安要素は拭えていない実情がある。

以上のように、Web3が普及するために、セキュリティや規制コンプライアンスの面から検討・対応すべき事項が多く存在する。日本でも政府によるWeb3推進の動向がみられているが、暗号資産のみならずDeFiやDAO、NFT、メタバースといった個々の技術・サービスにおけるユースケースを洗い出し、段階的に規制面やセキュリティ面への対処を行っていくことが重要だろう。

34　クロスチェーン：異なるブロックチェーン同士をまたぐこと

35　フラッシュローン攻撃：フラッシュローン（即時返済を条件に暗号資産を無担保で借り入れる仕組み）を悪用し、不正に価格を操作して多額の利益を得ようとする行為。

36　ブリッジ：異なるブロックチェーン間でのトークン移動を可能にすること。

37　FBI "Cyber Criminals Increasingly Exploit Vulnerabilities in Decentralized Finance Platforms to Obtain Cryptocurrency, Causing Investors to Lose Money" 29.Aug.2022

テクノロジーと
Web3とのかかわり

はじめに

ブロックチェーンをはじめとするWeb3を支える中核技術についてはCHAPTER 2において解説した。CHAPTER 3では、Web3が発展することで新たな価値が生まれたり、Web3時代の訪れによって変化する可能性がある「AI」「量子コンピュータ」「クラウド」「ビッグデータ」「認証技術」などの技術（図表3-1、3-2）を紹介する。

実用化が進み、さらなる高度化で期待がふくらむ「AI」

AIの発展は紆余曲折、人間のように考えるコンピュータ

AIとは「Artificial Intelligence」の略語であり、日本語では人工知能と呼ばれている。人工知能に明確な定義は与えられておらず、人間と同等に知的活動を行うようなものも生まれてはいない。しかし、技術の進歩とその時代によってAIと呼ばれるシステムの具体的な内容は大きく変化してきた。1956年、米国のダートマス大学で開催されたダートマス会議で、計算機科学者・認知科学者のジョン・マッカーシー教授によって、AIという言葉が初めて用いられた。同教授によると、AIとは「人間のように考えるコンピュータ」と定義している。

その後、最初のAIブーム（第1次ブーム）は、1960年代に起きる。この時代の研究によって、人間の思考過程を記号で表現し実行しよ

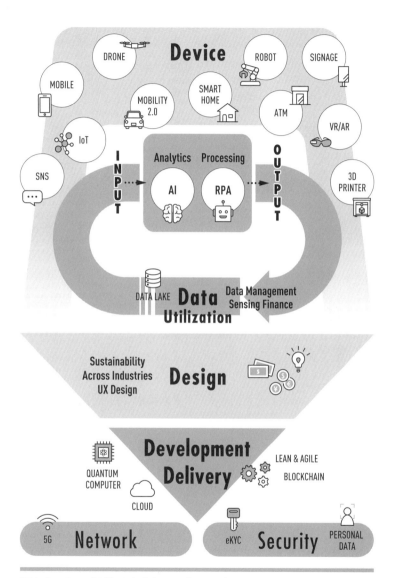

図表 3 − 1　デジタルを支えるテクノロジー

出所：NTTデータ作成

技術		Web3 とのかかわり方
AI	Web3において新たな価値創出の可能性がある技術	ブロックチェーン技術などとの融合によって新たなサービスを生み出す可能性がある。また、Web3時代のセキュリティ強化にも活用が期待される。
量子コンピュータ		ブロックチェーン技術の暗号を解く可能性があるとともに、それらが融合することでさらなる強固なセキュリティが実現する可能性がある。
ビッグデータ	Web3によって変化が訪れる可能性のある技術	巨大テック企業が抱えるビッグデータから、ブロックチェーンに蓄積されるデータにかわっていく可能性がある。よりプライバシー保護が重視されていく。
クラウドコンピューティング		クラウドがWeb3の下支えとなるのは必須だが、分散型アプリケーションや分散型ストレージへ置き換わっていく部分がある可能性もある。
認証技術	時代の変化に応じて常に進化が必要な技術	メタバースやブロックチェーンを活用したサービスなど、セキュリティ課題は山積みであり、特に生体認証をはじめとした認証技術はメタバースやWebサービス全般で非常に重要。

図表3−2　テクノロジーとWeb3のかかわり方

出所：筆者作成

うとする推論型や、解き方のパターンを場合分けして目的となる条件や答えを探し出す探索型と呼ばれる技術が発展し、人々はAIに大きな期待感を抱いた。しかし、一定の法則で処理を実行する当時のAIでは、シンプルな仮説の問題を扱うことはできても、さまざまな要因が絡み合う現実社会の課題を解くことはできないことが明らかとなった。そして、科学者たちの間でもAIの性能や処理能力に対して懐疑的な立場をとるようになり、第1次ブームはいったん下火となった。

　しかし、1980年代に入ると、第2次ブームが始まることとなる。そのきっかけは、コンピュータが知識を与えられ、それをもとに問

題解決をする「エキスパートシステム」の研究・開発が進んだこと
にある。エキスパートシステムとは、特定の専門分野の知識をも
ち、専門家のように事象の推論や判断を行うコンピュータシステム
のことで、これによって、専門知識のない人であっても専門家と同
等の問題解決や判断が可能になるといわれていた。しかし、コン
ピュータ自らが知識を蓄えることまではできず、人間が膨大なデー
タ入力やルール化を行う必要があったことや、複雑な学習に対応で
きないなどの課題によって、エキスパートシステムは実用化に実を
結ばず、またもブームは終焉を迎える。

　そして、第3次ブームは、2000年頃から現在まで続いている。そ
のきっかけは、前述したビッグデータの時代が到来したことにあ
る。これまでは、膨大なデータの入力がAIの進歩の大きな障壁の
1つであった。しかし、ビッグデータの研究が進むとともに、人間
の手を介さず膨大なデータの収集や管理が可能となった。さらに
は、機械学習やディープラーニングなど近年のAIには欠かすこと
のできない学習手法の登場がAIブームの後押しとなる。機械学習
とは、ビッグデータから有益な情報を的確に抽出し、データの意
味・特徴をアルゴリズムに基づいて学習させることでAI自身が知
識を獲得することをいう。そして、ディープラーニングは深層学習
とも呼ばれ、機械学習の一部に分類される。ディープラーニング
は、データの入出力を行うニューラルネットワークが人間の神経回
路のように多層構造となっており、人間の脳と同じように音声や画
像のパターンを認識できる。ディープラーニングには大量のデータ
と学習時間を要するが、さらに高度で複雑な処理を行うことも可能
となる。機械学習とディープラーニングの特徴的な違いは、前者は
人間が主体となって学習をさせることもあるが、後者では学習すべ
き内容を機械自身が判断している点にある。ディープラーニングは

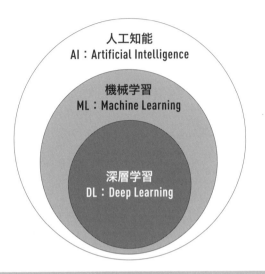

図表 3 - 3　AI・機械学習・深層学習の関係

出所：総務省「令和元年版情報通信白書」83頁より筆者作成

　人間の作業量が少なく、そのうえで従来の機械学習よりも高精度な判断を行えるようになる点がメリットとされ、言語化しにくく人間では区別がむずかしい領域で大きな力を発揮するといわれている。これらの技術によって、2012年にはプロの将棋士に、2016年にはプロの囲碁棋士に初めてAIが勝利し、世界中の注目を浴びることとなった。いままさに、さらなる進化を遂げていくテクノロジーといっても過言ではない。

多岐にわたる活用が進む

　AI技術の活用シーンとしては、チェスや将棋、囲碁などの知的ゲーム上でプログラムされた仮想的な対局者と競い合う対局システムや、画像や映像に映る物体や人物を認識し、認証や異常検知に活

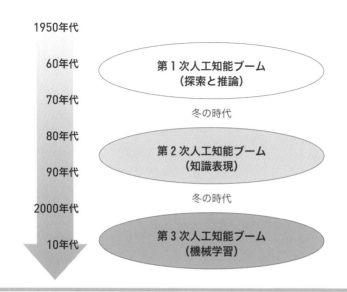

1950年代
60年代

第１次人工知能ブーム
（探索と推論）

70年代

冬の時代

80年代

第２次人工知能ブーム
（知識表現）

90年代

冬の時代

2000年代

第３次人工知能ブーム
（機械学習）

10年代

図表３－４　人工知能（AI）の歴史

出所：総務省「ICTの進化が雇用と働き方に及ぼす影響に関する調査研究」（2016年）15頁より筆者作成

用される画像認識システム、人間が発生する音声を認識・理解してテキストへと変換する音声認識システム、ロボットや自動車の自動運転などの高度で自立的な機械制御システム、高度で自然な機械翻訳や人間が使う自然言語処理に活用される質問応答システムなど幅広い分野に活用されることがよく知られている。現在、さまざまなビジネスシーンにおいて、AIがもつビジネスバリューが期待されており、AIの導入が進むことで企業の業務のあり方が大きく変化しつつある。さらに、専門分野のアシスタント業務を行う、「AI弁護士」や「AI秘書」まで登場している。AI弁護士は相談内容に対して、訴訟に必要な判例などの情報を迅速に見つけ出し、AI秘書はスケジュール管理のほか、多くの顧客情報から商談履歴を見つけ

出し営業支援をする。金融業界では、銀行内のビッグデータをAIに学習させることで、顧客がもつ経営課題の洗い出しをすることにすでに活用されている。また、AIがユーザーの年齢・職業・収入・運用目的などの情報を分析し、最適な運用についてアドバイスをするといったFPの事例や、AIを利用して市場の動向を分析し、取引を完全に自動化するといったアプローチも広がっている。

光と影、AIの倫理問題は避けられない課題に

AIが社会に受容されつつあるなか、これまで私たちが利用していた帰納的な計算機技術との相違もあり、社会の反応もポジティブなものだけでなく、ネガティブなものも存在している。最近では、このネガティブな側面に対して「AIの倫理」にフォーカスが当たっている。

2012年1月のヒントン教授らのグループが深層学習を用いた研究が近年のAI応用の礎となっている。YouTubeの動画からランダムに抽出された猫の画像を、2位に圧倒的な差をつける精度で抽出したこの技術は、画像、動画、音声の認識、自然言語処理、定型、非定型データの予測、分類など数多くの産業分野で利用されている。ヒントン教授らの研究以降、人間を凌駕するAIが人間の仕事を奪う、人間が制御できない事態を引き起こす、AIが人間にとって脅威となるなどの議論が巻き起こった。この反応として世界中の産官学の団体でAIをどのように取り扱うべきかというガイドラインが検討され公表されている。これらのガイドラインはAIの倫理に触れており、AIの倫理に関する議論が活発になっている。

必ずしも法を逸脱するわけではないものの、倫理的、道義的なAIの問題に対処するために、いくつかのキーワードをAIのガイドラインに盛り込む議論がされている。そのキーワードは公平性、プ

ライバシー、公正性、包摂性、透明性、説明可能性、監査可能性、頑健性、アカウンタビリティなど多岐にわたりAIの倫理に対峙(たいじ)するために、さまざまな活動がされている。

AIはこれまでの計算機技術と、豊富なデータの利用、アルゴリズムの特徴、運用の方法などに違いがあり、倫理に基づいた実利用には多くの注意を払う必要がある。AIの応用範囲が広がると、人種差別、性差別などや機微情報の利用、誤判断による事故などが発生する。AIが設計者の意図に介さず差別的な問題を引き起こした事例は多数ある。ここでは人種差別や性差別とされる有名な事例として2例をあげる。

2016年にMicrosoftがAIボットの「Tay（テイ）」を公開した。Tayは米国の若者をターゲットにしており、Tayがユーザーのツイートや質問に返信しながら新しい会話を学習していくように設計されていた。5万人のフォロワーを24時間未満で獲得したTayは10万回の会話をツイートした。開始当初はユーザーとの楽しい会話を繰り広げていた。しかし多くの人との会話を繰り返し、その内容でモデルを更新し続けたためか、人種差別的で攻撃的なツイートをするようになり、サービスは停止に追い込まれた。

Amazonは2018年に求職者の書類選考をするAIを使用したところ、AIの判定結果が女性を差別していることが判明し使用の中止を発表した。AIのモデル構築に利用されたデータは過去10年間同社に提出された履歴書であり、ほとんどが男性の応募者であったため男性を合格とする判定を出しやすい傾向をもっていたとされている。

AIは過去データに含まれる差別的な表現、事象をナイーブに学習し、倫理的に問題のある出力をすることもあるのだ。

AIのモデル構築には大量のデータを必要とする。データの量が

多ければ多いほど、データの種類が多ければ多いほど、いろいろな予測や分析ができる。こうしたデータを収集の目的外に利用すると倫理的な問題が発生する。

　就職情報サイトの運営企業は、就職活動をする学生から多くの情報を収集する。学生は、その運営企業に大学、学部、学科、サークル、アルバイトの経験、趣味、学外活動、インターンの応募履歴や、どのような職種や企業への就職を希望しているかといった情報を登録する。見返りとして、学生は就職活動サイトを利用して企業の説明会に参加するなど就職活動プロセスを進めるサポートを受けられる。ある就職情報サイト運営企業は、学生から提供されたデータをもとに個々の学生の「内定辞退率（内定を辞退する可能性を数値化したもの）」を算出し、そのスコアを企業に提供していたことが明らかになり、AIの倫理的な問題として提起された。個人の内定辞退率というスコアを本人が特定できるかたちで企業に提供するという、当初の目的から逸脱したデータの利用は、世間でも話題となった。取得したデータについて、技術的に可能であるから有効と思われる処理をし、活用することに対する倫理的な問題が発生したことは、AIの利用に対して不信感を与えるケースとなってしまったのである。

　AIの応用分野として自動運転がある。2018年3月に米国のウーバー社はアリゾナ州で自動運転車の試験走行中、自転車を押して道路を横断していた人をはねて死亡させる事故を起こしている。事故を起こした自動運転車にはセーフティードライバーが同乗していた。自動運転車の逸脱を十分に監視することなく事故を引き起こしたとしてセーフティードライバーが訴追されている。

　AIが制御する自動運転車が人命を奪う事故を起こしたことは最も重いAIの倫理問題であるといえる。こうした場合の責任分解に

ついて、まだ十分な経験があるとはいえない。アルゴリズムの開発者、自動運転の学習データの提供者、自動運転のセンサー類の開発者、自動運転車の総合的な開発者など、彼らにどの程度倫理的な責任が問われるべきかなど、今後のAI発展への影響が懸念される事態となった。

こうした事例を通して、社会的な反発もあり、国内外で数多くの対策が講じられている。

政府（総務省、経産省、金融庁など）、国家連合、学術団体、経済団体、AIベンダーなどがガイドラインを制定するほか、近年では欧州を中心にAIに対するリスクベースアプローチが国際的に広く共有されている状態である。これは、AI利用のリスクを考慮し、政府などがもつ公権力による規制をリスクの大きさにより適用することで、AIのリスクを最小化すべきという流れである。例示するとAIが「許容できないリスク」「高いリスク」「低いリスク」「最小限のリスク」を生み出すものに分類され、それぞれに異なるレベルの規制を適用することを提案している。

AIとブロックチェーン技術の融合で新たな価値創出

AIはあらゆるソフトウェアカテゴリーに影響を与えており、Web3も例外ではない。ここでは、Web3を支える技術であるブロックチェーンとAIのかかわりについて触れておきたい。AIとブロックチェーンは、いずれもイノベーションの主要な技術トレンドである。各々が強力に進化を遂げている一方で、両者を組み合わせて新たな価値を実現しようとする試みもみられるようになった。ブロックチェーンにAIを組み込むことでさまざまなステップを自動化し業務の生産性を向上させることができたり、AIが取り込むデータの管理をブロックチェーンで行うことで信頼性の向上につなげるこ

とができるなど、AIとブロックチェーンを活用することで相乗効果を生み出す例も登場している。

　そのほか、セキュリティ面では、AIによる不正検知機能をブロックチェーン上で活用していくことも考えられる。AI、ブロックチェーンはそれぞれ幅広い領域で活用され、ビジネスや社会を支える中核技術となっている。その2つが組み合わさることによって、今後もさらなる新しいサービスが創出されていくに違いない。

▌実用化はこれから、
　熱心な研究が進められる「量子コンピュータ」

量子コンピュータとは処理の超高速化を目指す技術

　物質を細かく分解していくと、いずれ物質を構成する最小単位に到達する。これを「量子」と呼び、原子やそれをかたちづくる電子・中性子・陽子などは量子の代表格である。量子は物質を構成している微細な粒である「粒子」と物質の状態である「波」の両方の性質をもつ最小単位であるとされている。量子の世界はナノサイズ（0.000000001m）以下のきわめて小さな世界で、そのような世界では量子力学といった一般的な物理法則とは異なる不思議な法則が働いている。量子コンピュータとは、そのような不思議な法則によってもたらされる「量子重ね合わせ」や「量子もつれ」といった量子力学の現象を利用して並列計算を実現するコンピュータである。従来型のコンピュータは、ビットによってデータを「0」か「1」のいずれかで表現する。一方で量子コンピュータは、量子ビットによってデータを「0」か「1」のいずれか、または「0」と「1」の組合せで表すことができる。このため、従来のコンピュータでは10ビットは1024通りのなかから1通りの組合せを表現するのに対し、10量子ビットは、1024通りを同時に表現できる。

これらの性質により、従来型のコンピュータでは答えの導出に膨大な時間を要する問題でも、量子コンピュータでは短い時間で解けるようになる可能性があるため、さまざまな分野での活用が期待されている。ただし、すべての計算ではなく、高速化が保証された特定の計算でのみ従来のコンピュータを上回るといわれている点には注意が必要だ。

　繰り返しとなる部分があるが、「量子重ね合わせ」と「量子もつれ」について触れておきたい。「量子重ね合わせ」とは、1つの量子ビットで複数の状態（情報）を維持できる性質である。たとえば、従来のコンピュータでは1つのビットで「0」または「1」のいずれかの情報しか保持できないが、量子コンピュータでは、量子の特性により、「0」と「1」の両方の情報を同時に保持できる。さらに、「量子もつれ」とは、1つの粒子の重ね合わせが2つペアになった状態の特別な場合に起こることであり、空間的に離れた量子同士が互いに影響を及ぼし合うことが知られている。これらの量子がもつ性質によって、量子コンピュータは、処理を同時に実行させる並列計算を可能にし、計算のステップを劇的に減らすことで、従来のコンピュータでは実現しえないような速度や規模で計算処理ができるようになった。

　しかし、解読に千年もかかるとされ、さまざまな場面で広く利用されているセキュリティの1つであるRSA暗号が、超高速の計算処理能力を保有する「量子コンピュータ」の登場により、一瞬で解読されてしまうことが指摘されている。商用の量子コンピュータが登場した現在、技術的にはそれまでの性能には至っておらず、すぐにでもRSA暗号が破られてしまう状況ではない。しかし、今後、量子コンピュータの実用化が進むなかで、このような脅威に対して安全性を保つ新たな暗号技術開発のニーズが高まってきている。

量子アニーリング方式をもって実用化に現実味か

　ここで、量子コンピュータの2つの処理方式とその活用事例について具体的にみていく。現在、量子コンピュータには「量子ゲート方式」と呼ばれるタイプと、「量子アニーリング方式」と呼ばれるタイプの2種類が存在している（図表3-5）。量子ゲート方式は、量子状態にある素子の振る舞いや組合せで計算回路をつくり、問題を解いていく。汎用的計算が可能で、従来型のコンピュータの上位互換として期待されている。大手ITベンダーなどが開発を進めているが、実現に向けてはさまざまな課題があり、実用化にはまだ数十年かかるといわれている。

　一方で、量子アニーリング方式は、高温にした金属をゆっくり冷やすと構造が安定する「焼きなまし」の手法を応用することで問題の解を求める。先述した組合せ最適化問題を解くことに特化している。実用化に現実味を帯びてきている段階まできており、世界中の研究機関や企業が開発にしのぎを削っている。

　量子アニーリング方式は、膨大な組合せから最適解を瞬時に計算する特徴から、数万台の自動車各々の最適ルートの算出、新しい薬

	量子ゲート方式	量子アニーリング方式
特　徴	●通常のコンピュータと同様に、あらゆる計算を実行可能な汎用型 ●高速化が保証されたアルゴリズムあり ●ハードウェア製造の技術的課題が多く、長期的な研究が必要	●膨大な組合せから最適な組合せを見つける「組合せ最適化問題」に特化 ●組合せ最適化では非常に高速 ●用途が限定的
最大ビット数※	127ビット	5,000ビット
現　状	研究開発フェーズ	実ビジネス化に向けた検討が活発

※2022年2月時点

図表3-5　量子コンピュータの方式

出所：筆者作成

をつくりだす創薬や、新素材をつくりだす材料科学におけるプロセスの迅速化、大規模な工場やコールセンターで働く人のシフト表作成などに活用されている。

また、金融分野では、量子アニーリング方式を用いたポートフォリオの最適化や、量子ゲート方式を用いたデリバティブの価格づけやリスク量の計算といった数理的に複雑で、計算負荷が大きくなる問題への活用が研究されている。これらの計算の高速化は直接的に金融機関の収益力の向上につながるため、各社ともこの分野の研究に力を注いでいる。

ブロックチェーン技術研究との切磋琢磨がカギになるか

量子コンピュータはWeb3と同じ時間軸で普及が期待されている技術である。量子コンピュータで走らせるアルゴリズムは、大量かつ高速なデータ処理と高速通信が不可欠となるメタバースとの相性もよい。飛躍的な演算パフォーマンスを可能とした量子コンピュータは、ブロックチェーン技術とともにWeb3時代のバックヤードを支える技術となるのではないだろうか。

量子コンピュータがもたらすメリットがある一方で、一部で懸念の声もある。それは、ブロックチェーン技術が公開鍵暗号または「非対称暗号」と呼ばれる暗号方式を使用しているため、量子コンピュータの存在はその安全性を脅かす可能性があるという指摘だ。

非対称暗号は、秘密鍵と公開鍵をペアで生成する。非対称暗号は「一方向性関数」と呼ばれる数学的概念に基づいており、秘密鍵から公開鍵は容易に導き出せる一方、その逆はできないとされる。しかし、量子コンピュータは秘密鍵を導き出すことが理論上可能だというのだ。1994年に数学者のピーター・ショアが開発した「ショアのアルゴリズム」は整数の因数分解に非常に優れており、公開鍵暗

号が強力な装置によって簡単に破られてしまうことを示唆したものである。このショアのアルゴリズムを使えば、量子コンピュータはブロックチェーン上のあらゆるパブリックウォレットアドレスに関連する秘密鍵を導き出すことが可能になるということだ。これは、現在のブロックチェーンの存在を脅かすものとして認識されてもおかしくない。

一方で、量子コンピュータとブロックチェーン技術は共存し、双方を補強することが可能とも考えられている。

量子コンピュータとブロックチェーンの技術の組合せとして、量子演算や量子力学に基づいて構築されるブロックチェーンネットワークの構想がある。理論的にはきわめて安全なブロックチェーンが実現するものとされており、これらの実現に向けて多くの研究者が模索中の段階であるという。

量子技術の開発は進展し続けている一方で、量子コンピュータが実用性のあるものとなるまでには、さらに5年以上はかかるとされている。来る時代に備え、ブロックチェーンネットワークの量子化に必要とされる措置をとる猶予があるのではないだろうか。量子ブロックチェーンが実用化の段階に入れば、Web3時代のセキュリティ面での中核技術となるに違いない。

■ デジタル社会において収集・蓄積されるようになった「ビッグデータ」

ビッグデータとは大量、かつ多様なデータ

ビッグデータ（Big Data）とは、人間では全体を把握することが困難な巨大なデータ群のことである。一般的にはVolume（量）、Variety（多様性）、Velocity（速度あるいは頻度）の「3つのV」を高いレベルで備えていることが特徴とされている。また近年では、

これにVeracity（正確性）とValue（価値）を加えた「5つのV」を
ビッグデータの特徴とするともいわれている。多くの場合、ビッグ
データとは単に量が多いだけでなく、さまざまな種類・形式が含ま
れる非構造化データ・非定型的データであり、さらに、日々膨大に
生成・記録される時系列性・リアルタイム性のあるようなものを指
すことが多い。いままでは管理しきれないため見過ごされてきた
データ群を記録・保管して即座に解析することで、ビジネスや社会
に有用な知見を得たり、これまでにないような新たな仕組みやシス
テムを生み出す可能性が高まるとされている。

　総務省は「平成29年版情報通信白書」において、個人と企業と政
府が生み出すビッグデータの構成要素を大きく3つに分類して解説
している。

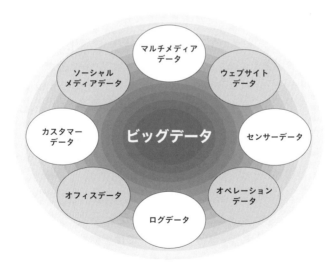

図表3－6　ビッグデータに含まれるデータの種類
出所：筆者作成

ビッグデータの例として、まずは国や地方公共団体が提供する「オープンデータ」があげられる。続いて企業が保有するパーソナルデータ以外の幅広いノウハウなどのデータと、M2M（Machine to Machine）と呼ばれる産業用機械の機器間通信時のデータで構成される「産業データ」。最後に、個人の属性情報や移動・行動・購買履歴などの個人情報を含む「パーソナルデータ」の3つに分類される。

　日本政府は現在、サイバー空間（仮想空間）とフィジカル空間（現実空間）を高度に融合させた次世代社会「Society 5.0」の実現を目指している。そこで重視されているのが、先の3つの構成要素を連携してデータを効果的に活用することである。ビッグデータの連携により、社会に新たなソリューションやイノベーションを生み出すことが期待されている。

「予測」と「データに基づく意思決定」で活用が進む

　ビッグデータはさまざまな分野での活用が広がっており、その活用事例は主に「データに基づく意思決定」と「予測」である。

　最初に「データに基づく意思決定」についてみていく。インターネットの広がりによって顧客の購買活動が多様化したことで、「データドリブン」の意思決定が重要であるといわれるようになった。データドリブンとは、多種多様かつ膨大な量のデータで構成されたビッグデータを収集・分析し、ビジネスの意思決定や課題解決などに役立てるというような業務プロセスを指す。データという客観的な根拠に基づいた施策立案が可能なため、周囲からの理解が得やすいことが特徴だ。顧客にとって商品やサービスの選択肢が広がっているなかで、いかに顧客や市場の動向にアンテナを広げ、そのニーズにマッチした商品・サービスを提供できるか、といった点が重要

視されるようになっており、そこにビックデータを活用していくということに期待が広がっているのである。

　続いて「予測」についてみていきたい。ビッグデータを活用することで、膨大な過去の実績データから傾向を分析し、高精度な予測を行うことが可能である。この予測によって、業務の効率化やコスト削減、他社との差別化を図ることができるだろう。たとえば、商品やサービスの需要の予測を行えば、在庫や製造量を過不足なく適切に管理できる。そのほかにも、事故や犯罪の予測、健康管理などさまざまな分野においても活用が進んでいる。

IoTで収集・蓄積されたビックデータの一種

　IoT（アイオーティー）は、Internet of Thingsの略で、「さまざまなモノがインターネットにつながること」「インターネットにつながるさまざまなモノ」を指している。モノに搭載したセンサーやカメラ、無線通信によって状態や動きを感知し、データを取得することがIoTの基本的な役割である。入手した情報はインターネットを介して人やモノに伝送される。近年では、スマートスピーカーやスマートホーム、自動運転車など、IoT技術を搭載した製品が人々の暮らしのなかで多数活用されている。

　つまり、IoTで収集・蓄積されたデータはビッグデータの1つだといえる。人の五感で感知できる情報をはじめとして、感知できない情報もセンサーやコンピュータを使って自由自在に収集でき、超音波、小さな振動、温度の変化、光の強弱、時刻、外観、電流、電圧などはすべてIoTデータとして扱われる。IoT技術により、従来では収集することのできなかった、人々の生活にかかわるさまざまなデータをリアルタイムで取得することが可能になり、これらの情報はビッグデータとして収集・蓄積され、サービスやプロダクト、

マーケティングなど、さまざまな領域で活用されている。

　また、IoT機器が取得したビッグデータは、AIを用いて分析・解析する。結果をもとに新たなAIモデルが生まれ、サービスやプロダクトに活用される。IoT→ビッグデータ→AIという循環を何度も繰り返すことで、より優れたデータやAIモデルが生み出され続けると期待されている。

ビッグデータのかたちは変化を遂げるか

　ビッグデータはWeb2.0の象徴ともいわれる。ユーザーがプライベートデータを中央集権的な技術プラットフォームに提供し、そのデータを利用して自分たちを豊かにする世界だ。ユーザーは、自分のデータが特定の技術プラットフォームと共有された後にどのように利用されるかを知ることはないし、コントロールできない。また、データは一元化されたプラットフォームに保存されているため、ハッキングを受けやすいという問題もある。

　Web3はプライベートデータを個人で管理・コントロールする世界だ。Web3において分散型台帳やブロックチェーン上のストレージなどの技術が台頭することで、データの分散化が可能になり、透明性が保たれた安全な環境が整うことが見込まれる。ユーザーが自分のデータを独立して管理できるようになれば、中央集権的なプラットフォームはプライベートデータをひそかに採取できなくなる。プライバシーの向上だけでなく、データが集中管理されたサーバに保存されなくなるため、データ漏えいの防止にも役立つであろう。Web3時代において「ビッグデータ」とは、どのようなものになっていくのだろうか。巨大テック企業などに収集されるデータ量は、減少していくのだろうか。

　中央集権的な技術プラットフォームへのデータの集約量が減少し

ていくことは考えられるだろう。一方で、ブロックチェーン上で蓄積されるデータ量は膨大になっていくことが想定される。

　ここで1つ留意点がある。透明性が高いことがメリットとされているブロックチェーンだが、プライバシー問題を指摘されているのだ。一度ブロックチェーン上に記録されると削除されず残り続けるため、不正な取引があった場合にも過去にさかのぼって取引を参照できるという特徴がある。個人にとってプライベートな内容のデータであっても削除できず、ずっと残り続けるといった点は忘れてはならない。削除できない個人データはプライバシーの対極にあるともいわれている。

　このブロックチェーンにおけるプライバシー問題の解決に期待されているのが「秘密計算」である。秘密計算は、データを暗号化したまま計算できる技術のことだ。従来のデータ分析は、個人情報などの生データに対して、統計処理、機械学習などの分析アルゴリズムを用意し、分析を行っていた。これに対し秘密計算は、生データではなく、秘匿化、つまりデータを無意味化した状態のまま、従来と同じように分析アルゴリズムを用いて、分析を行える。

　こうした技術を組み合わせることで、ブロックチェーン特有のオープンな取引や不正取引の防止などを実現しながらも、参加者の機密データの共有を可能にし、情報漏えいなども防ぐことが可能になるといったことが実現できるということだ。秘密計算は、データを暗号化したまま標準的なディープラーニングの学習処理を行うなど、AIとのシナジーも生み出し始めており、プライバシー保護を重視する社会のなかで今後ますます活用が進んでいくだろう。

　技術の進化が社会を変化させる面がある一方で、社会の変化に沿って技術の進化を求められる面も往々にしてあるということなのではないだろうか。

▌多くの企業で活用、「クラウドコンピューティング」

「○ssS」でコスト削減、利便性向上

　クラウドコンピューティングは、インターネットを経由して、コンピュータ資源をサービスのかたちで提供する利用形態である。略して「クラウド」「クラウドサービス」と呼ばれることも多い。いままでは、ハードウェアを購入することや、ソフトウェアのインストールやライセンス購入をしなければサービスが使えないことが一般的であったが、クラウドを活用すると、ユーザーはハードウェアやソフトウェアのライセンスなどをもたなくても、インターネットを通して、クラウドサービス提供事業者が提供するサービスを必要なときに必要な分だけ利用できる。場所を問わず利用できる点や、保守運用コストを削減できる点など、さまざまなメリットを持ち合わせており、2000年代から急速に普及した。その市場規模は年々増加しており、今後も増加し続けることが予想されている。

　クラウドの代表的なものとして、アプリやソフトウェアを提供するSaaS（Software as a Service）、アプリの開発環境を提供するPaaS（Platform as a Service）、サーバ（インフラ）を提供するIaaS（Infrastructure as a Service）等があげられる。一般的にSaaSが最も身近なものである。たとえば、GmailはWebサービス（ソフトウェア）をクラウド化したもので、SaaSに分類される。PaaSやIaaSに関しては、インフラエンジニアや開発エンジニアが利用することがほとんどである。

　クラウドは、インターネットの普及に伴い新しいビジネスモデルが登場したことや、扱うデータ量が増大したことなどが背景となって登場した概念である。ここで、クラウドの登場までの歴史をさかのぼってみていきたい。

コンピュータの歴史は、「メインフレーム時代（1950〜1990年頃）」「クライアント・サーバ時代（1990〜2000年頃）」「Webコンピューティング時代（2000〜2010年頃）」「クラウドコンピューティング時代（2010年頃〜）」の時代に分けられる。世界初の商用コンピュータは1950年頃に登場し、この頃からメインフレーム時代が始まった。メインフレームとは、基幹系業務など集中管理型のシステムに使われる大型コンピュータのことで、当時は非常に高価なものであった。すべての機能を大型のメインフレーム側がもっており、多くのユーザーが端末を通して同時に利用するという形式をとっていた。

　1990年代に入るとクライアント・サーバ時代へと変化していく。この時代では、メインフレームではなく、ミニコンピュータ（大型コンピュータより小型で安価なコンピュータ）が普及した。コンピュータの価格が下がったことで、企業は多数のコンピュータを導入することが可能になった。通信速度は非常に低速で、処理速度をあげるためにクライアント側もコンピュータをもつようになり、1台に「集中」するのではなく、「分散」する傾向が強まった。その結果、分散して行われた処理やデータの管理が課題となった。

　1990年代後半には、Webコンピューティング時代と呼ばれる時代が始まった。この時代では、コンピュータの価格はさらに安くなり、導入のハードルはますます下がっていった。いままで課題となっていたネットワークも、1999年頃から普及し始めたADSLにより、通信速度は改善されていった。その結果、コンピュータの利用台数が膨大となり、コンピュータ内にアプリケーションやデータをすべて配布することが困難となっていったのである。

　そして、2003年の光回線の登場とWebブラウザによってこの問題は解消されていった。Webブラウザを通じてアプリケーションやデータをもつサーバへアクセスすることで、すべてのコンピュー

タにアプリケーションやデータを配布しなくてもよくなったのだ。

しかし、次々とサービスが増えていったことで、多くのサーバが乱立する事態となり、今度はサーバをいかに管理・統合していくかが課題となった。この課題の解決に必要となった手法が「クラウドコンピューティング」である。

クラウドコンピューティングでは、1台の物理サーバ上に複数の仮想的なサーバを立てることで、それぞれの仮想サーバがあたかも独立したサーバのように利用できる。また、この仮想化されたコンピュータをそれぞれ複数種類のオペレーティングシステムを並行して稼働させることができるものをハイパーサーバと呼ぶ。この仮想

	1950 ～ 1990 年頃	1990 ～ 2010 年頃
	集中 メインフレーム 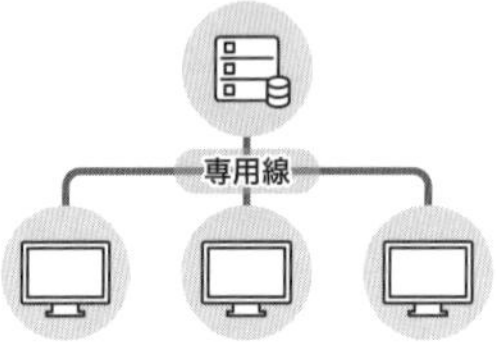	**分散** クライアント・サーバ／ Web 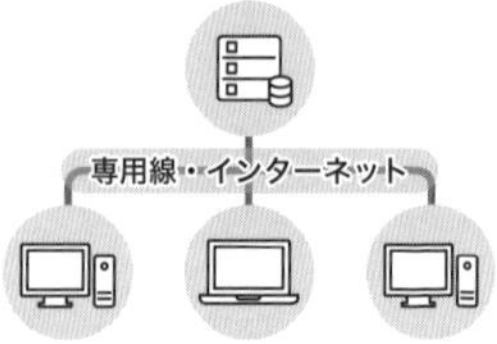
CPU性能	数MHz シングルコア	数百MHz シングルコア
ネットワーク	専用線 数Kbps	専用線、インターネット回線 数十Kbps

Web 1.0
ホームページ時代
●一方向な情報発信

図表 3 － 7　情報システムの変遷トレンドからみた方向性

出所：筆者作成

サーバの登場により、スペースはいままでと変わらない物理サーバ1台分のスペースで複数の仮想サーバを運用できるようになった。データセンターの集約にもつながることから、クラウドコンピューティングはサーバの統合にふさわしいとされているのである。また仮想化によりサーバ（インフラ）をユーザーが好きなときに好きな分だけ利用できるクラウドサービスの提供も可能になったのだ。

2006年、当時GoogleのCEOを努めていたエリック・シュミット氏が「クラウドコンピューティング」に言及したことで、その用語への注目度が急激に高まったとされている。同年にAmazonのクラウドサービス「AWS」が登場した後、大手IT企業が続々とクラウ

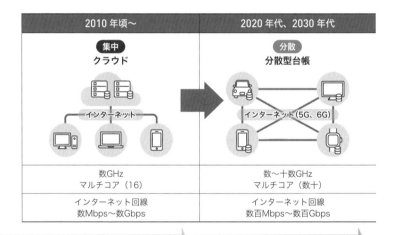

2010年頃〜	2020年代、2030年代
集中 クラウド	**分散** 分散型台帳
インターネット	インターネット (5G、6G)
数GHz マルチコア（16）	数〜十数GHz マルチコア（数十）
インターネット回線 数Mbps〜数Gbps	インターネット回線 数百Mbps〜数百Gbps

Web 2.0 **SNS時代**	Web 3 **自律分散型Webの時代**
●SNSによる双方向な情報発信 ●GAFAへの情報の一極集中	●情報サービス、情報管理の 　自律分散化

ドサービスを発表し、Googleは2008 年、Microsoftは2010年に、それぞれサービスを開始している。

Web3時代の下支えとなりつつ、分散型へ変化なるか

Web2.0において、インターネット上に普及したサービスはクラウドデータベースを活用したものが主流となり、利便性が向上した。一方で、SNSとともにクラウドでも巨大テック企業への集中化がいっそう進んだ。非中央集権化を目指すWeb3であるが、AWSのようなクラウドサービスがWeb3時代を下支えすることに変わりないだろう。CHAPTER 2 SECTION 3 においてDAppsの紹介をしたが、Web3では、クラウド型のアプリケーションから、分散型フレームワークを基盤としたDAppsなどのアプリに移行していくともいわれている。

また、Web3により、クラウドストレージが変わる可能性があるとの考えもある。ブロックチェーンの技術を用いるWeb3では、データの記録・保存はサーバではなく複数のコンピュータに分散して行われる。これは、Web3ネットワーク内にデータを保存する場所が必要になるということでもある。すでに提供されている分散型ストレージサービス「Filecoin」の例では、自分の空き容量を貸し出すと報酬が得られる仕組みである。報酬額は自分で設定できる。安く貸し出す人が現れて価格競争が起これば、ストレージの利用者としても低価格でサービスが利用できる可能性がある。

このように、サービス形態のシフトなどが予想されてはいるものの、一方で今後もクラウド自体は利用されていくだろう。ブロックチェーンを活用した分散型と、Web2.0的な中央集権型のよいところを活かし、新サービスやビジネスモデルが創出されていくとの期待が広がっている。

■ 匿名性を重視する時代、常に進化が求められる「認証技術」

いまや日常においても浸透する認証技術

CHAPTER 2 SECTION 2 と SECTION 6 では、メタバースとWeb3におけるセキュリティ課題について触れた。このセキュリティ強化では、不正ログの監視やブロックチェーンにおける脆弱性への対処等をはじめとして、さまざまな対策が必要になってくるが、そのなかでも重要な要素の1つである認証技術についてみていきたい。

認証技術とは、セキュリティを確保するために、ユーザーのアクセス権管理や本人確認を行う技術のことを指す。ウェブサービスへのログイン、オフィスへの入館や入室、イベントでの本人確認、空港での搭乗手続など、日常のさまざまな場面で利用しているのではないだろうか。そしていま、政府として推進しているキャッシュレス決済でも、やはり認証技術が使われている。

認証方式には「記憶」「所持」「生体情報」があり、認証の3要素ともいわれている。認証はこれらの3要素のどれか、または複数の要素の組合せ（多要素認証）によって実現する。

① 記　　憶

本人のみが記憶している情報に基づいて利用者を認証する方法。IDとパスワード、パスフレーズ、PIN（Personal Identification Number）などがこれに当たる。簡単に設定でき利便性が高いが、パスワードとしての強度を高めるには文字数や文字種（大文字、小文字、英数字、記号）を組み合わせることや、他人への漏えいや忘れてしまうといったリスクに対応する必要がある。1990年代から現代まで長く使われている認証技術で、「総当たり攻撃（ブルートフォースア

図表3－8　認証方式

出所：筆者作成

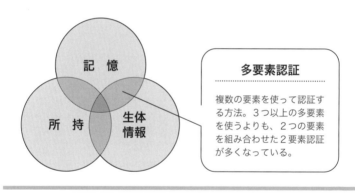

多要素認証

複数の要素を使って認証する方法。3つ以上の多要素を使うよりも、2つの要素を組み合わせた2要素認証が多くなっている。

図表3－9　多要素認証

出所：筆者作成

タック）」や、それを効率化した辞書攻撃など、悪意のある不正アクセスにさらされる側面も多い。

② 所　　持

　本人のみが所持している物によって利用者を認証する方法。ICカードやスマートカード、ワンタイムパスワードのトークンなどがある。確実に認証でき、パスワードを覚えておく必要がないが、こ

れらの所有物を安易に他人に貸したりしてはいけない。利用には携帯する必要があるため、所持物は紛失や盗難の危険性がある。

③　生体情報

「バイオメトリクス認証」ともいわれ、本人の生体に基づくデータにより利用者を認証する方法。センサーで採取したユーザーの身体の生物学的な特徴と、あらかじめ登録された特徴とを照合することにより、ユーザーの識別を行う。これまでにも、指紋、顔画像、虹彩、血管形状など身体形状を特徴として用いる方式や、音声、手書きサインなどの人物の行動に基づく特徴を用いる方式など、さまざまな技術が開発されている。この方法は本人に結びついた情報を利用するため、記憶忘れや所持物の紛失などの問題はない。従来のパスワード入力よりも高いセキュリティ強度をもつ「生体認証」の発展が期待されるが、一長一短があり本格導入には超えるべきハードルも多かった（図表3－10）[1]。現在はスマートフォンの指紋認証や顔認証など、日常的に利用されている生体認証もある。

新型コロナウイルス感染症によって、生体認証システムの供給に多大な影響を与えたといわれている。接触型生体認証システムの需要は減少しているが、顔認証、虹彩認証、音声認証などの非接触型生体認証システムは需要が伸びており、今後もその傾向は続くことが予想される。

セキュリティ対策とサイバー攻撃はイタチごっこ、常に進化が必要

CHAPTER 2 SECTION 2では、匿名性の高い仮想空間における

1　eコマースコンバージョンラボ「生体認証決済サービスはどこまで浸透が進むのか──ECでの生体認証の活用本格化の足音」（2016年3月8日公開、2020年4月6日更新）

	指　紋	静　脈	顔	音　声	虹　彩
説明	指紋の模様から本人認証を行う	血管の方向や分岐点から本人認証を行う	顔の輪郭、目・鼻・口などの顔パーツで本人認証を行う	声の特徴により本人認証を行う	目の虹彩により本人認証を行う
メリット	成熟した認証技術、高い安定性	高い精度と改ざんが困難	遠隔地でも認証可能	遠隔地でも認証可能	非常に精度が高い
デメリット	指の状態に認証精度が左右される	認識装置が大きい	経年変化に弱い※他の手段との組合せが必要（まばたき、RFID連携）	周りのノイズに弱い※他の手段との組合せが必要	病歴がわかるなどの情報保護観点

図表 3 −10　生体認証の分類

出所：筆者作成

セキュリティ課題と本人確認の重要性について言及した。これは仮想空間だけではなく、インターネット空間全般にいえることだ。認証技術は、個人情報を守るためだけではなく、インターネットバンキングをはじめとして暗号資産やフィンテックなどの革新的なサービスへの不正アクセスや攻撃から資産や財産を守るためにも非常に重要な位置づけである。サイバー攻撃は年々巧妙化・複雑化しており、セキュリティ技術も常に進化が求められている。

　近年注目を集めている認証技術「FIDO」についても紹介しておきたい。FIDOとは、「Fast Identity Online」の略で、生体認証などを用いることでパスワード依存からの脱却をねらいとした技術だ。

　FIDOを推進するFIDO Allianceは、その理念として、安全性と利便性を兼ね備えたものであると位置づけている（図表 3 −11）。

　パスワード認証はインターネットサービスにおいていまだに主要な方式である一方、多くの課題が指摘されている。企業によるパス

安全性	利便性
パスワードや生体情報を**サーバ側で保持しない**	**多様な認証要素**を利用可能（PIN認証、所有物認証等）

図表3−11　FIDOの特徴
出所：筆者作成

ワード情報の漏えいや、これまでインターネットバンキングなどにおける不正ログインに対して有効とされていたワンタイムパスワードを破る手口の横行も報告されている。このような背景から、パスワードを使用しないFIDO認証に注目が集まるようになった。

　FIDO認証は、サーバとユーザーで秘密の情報を共有しないという点が大きな特徴だ（図表3−12）。公開鍵暗号方式を採用し、ログイン時に、そのサイトに固有の公開鍵と暗号鍵のペアを生成し、アカウントに紐づける。公開鍵はサイトのサーバに保管され、秘密鍵はスマートフォンやPCといったデバイスの安全な領域に保管される仕組みだ。次回からログインしようとすると、サーバ側が署名用のデータをデバイスに送信するので、生体認証を使って取り出した秘密鍵を使って署名し、サーバ側は対となる公開鍵で検証することで本人を認証する。パスワードを使わないので、犯罪者に盗まれてパスワードリスト攻撃などで悪用される心配はなく、URLの文字列やサイトの見た目を似せた偽のサイトを使うフィッシングにも対抗できるというわけだ。FIDO認証は2022年にマルチデバイス対応が発表されており、さらなる利便性の向上を目指しているようだ。

　メタバースをはじめとして、これからもさまざまなサービスが登場してくるなかで、変化するユーザーのニーズや利用シーンに沿っ

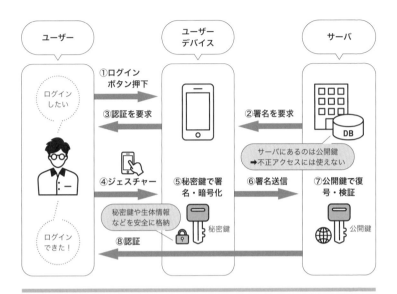

図表3−12　FIDO認証フロー
出所：筆者作成

た多様な認証方式が必要とされるだろう。ユーザーの利便性と安全性、信頼性のすべてを兼ね備えた認証技術が求められるなかで、生体認証など次世代認証技術がますます広がっていくことに期待したい。

SECTION **2** 将来性と課題

はじめに

CHAPTER 2 のVR/ARやブロックチェーンにはじまり、ここま

でさまざまなテクノロジーに触れてきた。これまでテクノロジーの進化は人々の暮らしや生き方、地域の姿や産業構造にまで多くの変化をもたらしてきたし、今後も間違いなく私たちの生活を大きく様変わりさせていくだろう。テクノロジーの活用方法やその加減によっては、それが良い方向にも悪い方向にも向かいうると考えている。また、Web3に関して言及すると、テクノロジーの進化の速度や方向性によって、今後のWeb3の広がり方は変わっていくだろう。ここでは、テクノロジーの進化に期待が高まるなかで、目を背けることができない喫緊の課題である「脱炭素」の問題に触れておきたい。

▌テクノロジーの進化と脱炭素の取組みは切り離せない関係に

2020年10月、日本政府は2050年までに温室効果ガスの排出を全体としてゼロにする、カーボンニュートラルの実現を目指すことを宣言した。2016年発行のパリ協定が目指す「世界の平均気温上昇を産業革命前より1.5℃に抑える」には、大気中に排出される温室効果ガスを、2050年には世界全体で実質ゼロにする必要があるため、世界中で脱炭素の取組みが進められている状況だ。

人々の生活に不可欠な電気は大量の化石燃料を燃焼させる火力発電で作られ、このときに大量のCO_2を排出する。また、ガソリンを燃料にする自動車に乗るときも同様だ。人々の暮らしが便利になればなるほど、大量のCO_2が排出され、地球温暖化を加速させてきたのだ。ここまでに紹介してきたテクノロジーでも消費電力が課題として取り上げられることが多い。

たとえば、機械学習などの高度なAIモデルのトレーニングには、時間、コスト、データに加えて、大量のエネルギーが必要になる。

マサチューセッツ大学（University of Massachusetts）のコンピュータサイエンス分野の研究者が2019年6月に発表した研究結果によると、1つの機械学習モデルを訓練する際のCO_2排出量は、米国の平均的な乗用車1台が製造から廃車までに排出する量の約5倍にのぼるということだ。企業が大規模なデータセンターにデータを蓄積して、そのデータを使ってAIモデルをトレーニングするまでの間には、膨大な電力量を消費することになる。AIの認知能力・処理速度を高めようとすると、より多くの電力を消費する結果となる。

こうしたAIの消費電力問題に対しては、ハードウェアの高性能化・効率化という面で研究開発が進められている。さらに、AIを活用しデータセンターやオフィスビルなどのエネルギー利用を最適化し、省エネを図る取組みも増えている。

ブロックチェーンを活用した暗号資産でも、消費電力の問題を指摘されることが多い。ビットコインの推定電力消費量は、2017年初頭の年間6.6TWh（テラワット／時）から2022年初頭には年間138TWhへと急増した[2]。これは、主要な先進国の年間消費量にも比肩する水準であるという。また、「Bitcoin Energy Consumption Index」（以下「BECI」）の試算によると、VISAでの決済取引と比較した場合、ビットコインの取引1回に要する環境負荷は、電力消費量では154万2,417回、二酸化炭素排出量では241万3,459回分に相当するという。さらに別の試算によると、イーサリアムでNFTが1回販売されるたびに、8.7MWhという大量の電力が消費される。これは英国の平均的な家庭の約2年分の消費電力であるということだ。

なぜこれほどの電力を消費するのだろうか。それは、「マイニン

2　"Why Bitcoin's energy problem is so hard to fix" Bloomberg Quick Take, March 21, 2020

グ（採掘）」というプロセスにおける、膨大な計算による影響が大きいといわれている。

米ホワイトハウス科学技術政策局（Office of Science and Technology Policy）が2022年9月に公開したレポート（「米国における暗号資産の気候とエネルギーへの影響」）によると、ビットコインのようなPoW（Proof of Work）型のマイニングによる電力消費量が特に大きいことが示されている。レポートでは、マイニングによる環境負荷を低減すべく、クリーンエネルギーや環境パフォーマンスに関する基準を政府と暗号資産業界で協力して設けるべきであると勧告されている。PoW型のブロックチェーンでは、ブロックを生成するためにコンピュータを使って膨大な計算を行う必要があり、その過程で大量の電力を消費する。しかし、その計算量こそがブロックチェーンのセキュリティと分散性の根幹となっているため、それらを維持したまま電力消費のみを抑えるためにはブロックチェーンの設計を根本的に変更する必要がある。PoWを採用してきたイーサリアムでは、PoWがもたらす環境への悪影響をふまえ、コンセンサスアルゴリズムをPoS（Proof of Stake）へ変更する対応を行っている段階だ。PoSはブロックの生成に膨大な計算処理を必要としないため、PoWと比べて電力消費量が格段に少ないコンセンサスアルゴリズムである。すでにPoSを利用する暗号資産は登場しており、暗号資産業界におけるグリーンの潮流が始まっているようだ。米国では、今後もPoW型の暗号資産マイニングによる環境負荷が続けば、PoWというアルゴリズムを使うことが法的に禁止される可能性があるということだ。

テクノロジーの進化に伴う電力消費量の増加についてみてきたが、テクノロジーが環境に及ぼす影響はCO_2排出による気候変動の問題だけではなく、大気・海洋汚染や資源枯渇をはじめとして多岐

にわたる。テクノロジーの進化と自然環境保全は表裏一体であり、この2つのバランスをとっていくことに重要な意味がある。

テクノロジーの活用が環境問題を加速させてきた一方で、近年はテクノロジーを活用して環境問題に取り組むケースも増加している。発電時に地球温暖化の原因となるCO_2を排出しない再生可能エネルギーは、企業や一般家庭における太陽光発電の利用をはじめ、その認知度は高まっている。その他にもCO_2を吸収・回収する技術や電力消費量を監視・制御する技術など、環境技術は日々進歩している。

また、製造業や物流、農業、インフラ、ヘルスケアなどの幅広い分野において近年IoTの活用が進んでいる。たとえば、物流分野ではAIやIoT等を活用し、データと無人搬送機等を連携させることで、大量の貨物を効率的に処理することが可能となり、省エネ化や生産性向上が期待されている。ほかにも、食品ロス対策やスマート農業など、IoTは環境問題のほかさまざまな社会課題へのアプローチに応用されている。

データセンターなどで大量の電力を消費するIT業界における取組みも重要だ。IT機器やネットワークといったITインフラにおける省エネ技術を活かし、環境への影響を最小限に抑え、最適なエネルギー効率を実現した「グリーンデータセンター」への期待は高く、今後利用が加速することが予想される。

もちろん、環境問題はテクノロジーの利用だけで解決することはできない。気候変動対策の目標達成には、各国政府、企業、個人の強力な取組みが非常に重要である。しかし、テクノロジーがその下支えとなることは間違いないはずだ。テクノロジーが環境に与える影響を十分に考慮したうえで、持続可能な社会をつくるためにテクノロジーをうまく駆使していくことが必要だろう。

CHAPTER

4

Web3の先にある
銀行の未来

■ 起こりうるシナリオ、Web3はWeb2.0と共存する

前CHAPTERまでの説明でWeb3の概要はご理解いただけたと思うが、今後の世の中においてWeb3はメインストリームになりえるのだろうか、というのがここからの議論である。もちろん未来のことはだれにもわからないが、ここで筆者の考えを示したいと思う。

起こりうるシナリオとしては、論理的には次の3つのパターンが考えられる。

① Web3が全盛となりWeb2.0が完全に駆逐される

② 程度の問題はあるが、Web3とWeb2.0が共存する

③ Web3はまったく普及せずに廃れてしまう

このなかで筆者たちの想定するシナリオは②である。①～③の各パターンについてそれぞれどのように考えたのかを説明していこう。

まずは①のシナリオについてである。Web2.0の代表的な企業・サービスであるGAFAM等（いわゆるプラットフォーマー）は、非常にカスタマーセントリックなサービスを行っている。たとえば図表4－1「Googleを使った便利な生活」。こういった例からもわかるように、いわゆるプラットフォーマーの作り出したサービスは非常に利便性が高くかつ安価（多くの場合は無料で利用できる）であり、サービスが存在しない生活が想像できないほど私たちの社会生活に深く浸透している。またこういったサービスを前提にそのサービスの周辺に機能を付加するベンダーも存在しており、一種のエコシス

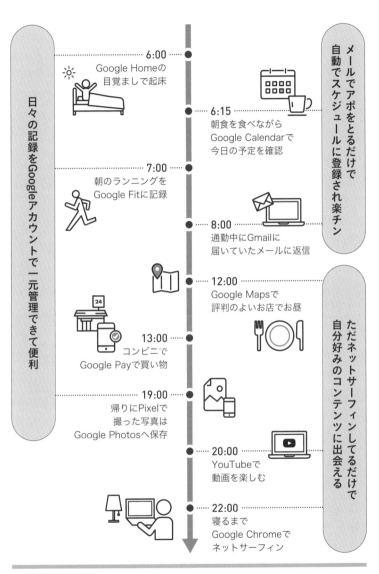

メールでアポをとるだけで自動でスケジュールに登録され楽チン

ただネットサーフィンしてるだけで自分好みのコンテンツに出会える

日々の記録をGoogleアカウントで一元管理できて便利

6:00
Google Homeの
目覚ましで起床

6:15
朝食を食べながら
Google Calendarで
今日の予定を確認

7:00
朝のランニングを
Google Fitに記録

8:00
通勤中にGmailに
届いていたメールに返信

12:00
Google Mapsで
評判のよいお店でお昼

13:00
コンビニで
Google Payで買い物

19:00
帰りにPixelで
撮った写真は
Google Photosへ保存

20:00
YouTubeで
動画を楽しむ

22:00
寝るまで
Google Chromeで
ネットサーフィン

図表4－1　Web2.0の世界：Googleを使った便利な生活

出所：筆者作成

テムを形成するに至っている。サービスの利用者が使いたいと思う限り、そう簡単に何かと置き換わるとは想像しづらい。

　もちろんWeb3が唱えられた背景にある、利用者の行動データの収集かつ独占的な利用に対しての反発や、そういったデータをプラットフォーマーが個人の行動コントロールに利用しているのではないかという懸念などもある。こういった反発や懸念はもっともであり、規制当局もプラットフォーマーに対して厳しい目線を向けている。今後も規制が厳しくなることはあれども緩められる可能性は低い。したがって、高い利便性を提供しているプラットフォーマーは、一定レベル以上の規制が今後も課されていくことにはなるが、利用者の支持が続くのであれば急激にプラットフォーマーの力がそがれることはないはずである。現時点でもプラットフォーマー批判が各方面でなされているが、利用者が急減しないことから推し量ってもプラットフォーマーが提供するサービスの顧客体験は優れており、直ちに顧客の離反を招くことは考えづらいということである。顧客が繰り返し利用することで顧客の利便性がよりいっそう向上し、使うことが当たり前になっていることからサービスに対しての粘着性がある。この粘着性は理念的な反発だけではすぐに拭い去れないだろう。よって①のシナリオは成立しないと考える。

　次に②を飛ばして③のシナリオについて検討する。③のシナリオではWeb3のサービスがまったく普及しない、ということを想定しているが、このシナリオも成立しづらいと考えている。Web3の世界観は思った以上に世の中に受け入れられている、というのがその理由である。この点を説明するためにビットコインを取り上げたいと思う。繰り返しになる部分もあるが、ビットコインの歴史をあらためて振り返ってみよう。ビットコインは2008年にサトシ・ナカモトなる人物の書いた１本の論文をもとにスタートした取組みであ

る。パブリックなインターネット環境でだれがいくら残高をもって
いるかを関係者全員に共有し、流通させることができ、また、共有
はできるものの改ざんするには非常に難度が高い、という仕掛けで
ある。ビットコインが世の中に注目され始めた時期には非常に懐疑
的な意見も多く聞かれた。筆者もこの動きは非常に興味深く情報収
集・分析を行い、社内外でさまざまなディスカッションを行ってき
たが、ビットコインが本当に定着するのかどうかは判断を保留せざ
るえなかったというのが正直なところであった。特に、ビットコイ
ン自体が急に無価値なものに値が付いたように思われ、どうしてこ
ういったものに価値が付くのかということをどう理解してよいのか
悩んだ記憶がある。しかし、その後のビットコインの世の中での存
在感は読者の皆さんもよくご存じであり、ビットコインから触発さ
れた種々の暗号資産が取引されている現状をみるに世の中に一定の
プレゼンスを確保できている、というように結論づけるのは大きな
間違いではなかろう。またビットコイン・暗号資産からブロック
チェーンベースの新しい金融的なサービス、具体的にはSTOや
DeFi、NFTなど、次々と新しいものが生み出されて一定レベルと
して受け入れられている。また、こういったサービスを前提に伝統
的な金融機関の関与も増えてきており、メインストリームのアセッ
トクラスではないものの、オルタナティブなアセットとしては一定
のポジションを形成している。また、Web3の主たる技術要素であ
るブロックチェーンの投資動向をみると、2021年には前年の7倍に
あたる252億ドル（約3兆円）と急激に増加しており、期待値の高
さがうかがえる（図表4－2）。これらの点から、Web3自体はすで
に一定レベルでは受容されており、これはこれでグローバルレベル
でかなりの取引量もあることからすぐにマーケットが消滅すること
も考えづらく、③のシナリオについても実現性は怪しいというのが

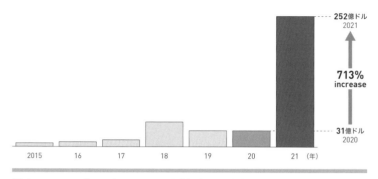

図表4－2　ブロックチェーン関連投資の金額推移
出所：CB Insights

結論になると思われる。

　よってここまでの議論から①または③というWeb3もしくはWeb2.0のいずれかに収れんするというシナリオの可能性は高くないというのが筆者たちの判断である。結果②のシナリオが現実的ということになり、Web3とWeb2.0のサービスが共存する前提で将来を考えていくことになるだろう。一方でWeb3とWeb2.0が共存するといってもどちらかに寄ることになるのかどうか、というのが次の議論になる。あらためて現状Web3に準拠したサービスを確認してみると、あまたあるWeb上のサービスのなかではごく少数であり、また一般的に認知されているものは「OpenSea」や「My Crypto Heroes」などごく少数である。また断片的な数字しか公表されていないので、推測に頼らざるをえないが、Amazonは2015年の時点で450万台程度のサーバを保有しているという推定もあり[1]、一方でビットコインのノード数は現時点で1万5,000弱[2]というこ

1　加谷珪一「大胆推定！　アマゾンとマイクロソフトのクラウド向けサーバ保有数はこれだ」（ビジネス＋IT、2016年9月8日）

2　Bitnodes

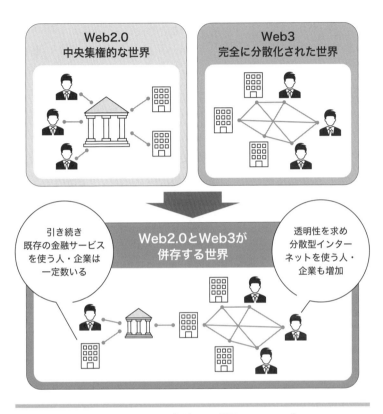

図表4−3　Web2.0とWeb3が併存する世界のイメージ
出所：筆者作成

とから考えると、時点が異なっておりまたサーバの数とノードの数
という厳密には比較しづらいものを使ってはいるものの、桁が明ら
かに異なっていることは見て取れる。もちろんこれからWeb3のキ
ラーコンテンツがつくられる可能性もありうるが、現状の景色から
は当面の間Web2.0のウェイトが高いと考えるのが妥当であろう。
あえてWeb2.0寄りなのかWeb3寄りなのかを数字を使って表現す

るならWeb2.2程度というのが現状の認識である（図表4－3参照）。

　Web2.2というとインパクトが弱そうにも聞こえるが、Web3という概念が登場したことで、プラットフォーマーに突き付けられているテーマは非常に重いものである。プラットフォーマーがネット世界を掌握し、その情報を使って巨大な利益をあげていることに対して、規制当局とは別に、サービスを実装する前提でノーを突き付けており、代替的なサービスが成立する可能性があるというのがポイントである。規制当局は、やってはいけないことを法的手段等を使ってプラットフォーマーに強制することはできるが、プラットフォーマーの代替的なサービスを立ち上げるには法的手段のみでは力不足であり、場合によってはプラットフォーマーを規制することで結果的に利用者の利便性を損なう可能性もあり、社会的厚生全体を押し下げることしか実現しないこともありうる。むしろWeb3的なサービスが一定のポジションをもつことで、プラットフォーマーが気に入らなければ代替的なサービスが現れそれによってプラットフォーマー側も襟を正さざるをえなくなる。特にプラットフォーマー側に求められるのはWeb3の特徴の裏返しになるが、ガバナンスの透明性であり、情報の匿名性の確保である。Web3の思想によって、プラットフォーマー側をけん制する効果が発生するのである。したがって、いったんはWeb2.2であったとしても、プラットフォーマー側が好き勝手に振る舞えば振る舞うほど、Web2.3、2.4とWeb3に寄っていく流れになりかねない。覇権を維持したいプラットフォーマーがWeb3が要求している事項をある程度は取り込む前提で、Web3とプラットフォーマーが共存するのではないかと考える。

　このSECTIONの最後に、蛇足ではあるが、Web3のその先の世界についてもコメントしておきたい。Web3の登場によりプラット

フォーマーへのけん制が働くなかで、プラットフォーマー側はプラットフォーマーとしての進化系を模索することが必要になると考える。最近Trusted Webという言葉もでてきているが、まさにプラットフォーマーの進化系の１つとしてTrusted Webが位置づけられるのではないか。Trusted Webを簡単に説明すると、Web上で流通や提供される情報・データが、相手を信頼する（そのデータの確からしさを担保する）仕組みを取り込んだWebサービスということだ。具体的にはデータの検証を簡単に行い、また相手に開示するデータをコントロールできるようにしたりといったことを想定してる。Trusted Webが体現していることは、Web2.0の課題を発展的に取り込もうとしている流れであり、その理念を技術的にうまく実装できるのであれば、Web3が求めていたガバナンスの透明性等の課題について条件をクリアできることになる。よって、Trusted Webが理想的なかたちで実装できるのであれば、ここからは予想でしかないが、Web4と呼ばれる新たな概念になるのではないかと考えている。蛇足ついでにもう１つコメントすると、仮にWeb4が登場するとすれば、さらにその先の可能性としてWeb5の方向性もみえてくるのではないかと思う。Web3の最大の弱点は、２点ある。

　１点目は、強制力という観点である。ブロックチェーン上のスマートコントラクトなどに代表されるように、Web3のサービスはコードに記述されたことが事前に記述された条件に該当した場合、ソフトウェアのレイヤーでは強制力をもって実行することが可能である。一方で、ソフトウェアとしての強制力とは対照的に、リアル社会での強制力はほぼ無力である。したがって、リアル社会での強制力というのが１点目の弱点である。もう１点は、アーキテクチャとしてのガバナンスの透明化は実現できているものの、その運用においては必ずしも望ましい方向でガバナンスがなされているとは限

らない、ということである。具体的には、ガバナンストークンを使って意思決定されるDAOを例にあげると、ガバナンストークンという仕組みそのものは透明化に大きく貢献するものの、トークンの保持者が偏っていた場合には理想的に意思決定がなされる保証はない。あえてその状況をわかったうえでDAOに参画するのであれば、それも1つの考え方ではあるが、トークン保持者がブラックボックスとなっているような場合には運用レベルでの課題は拭い去れない。

　こうしたWeb3の弱点を前提にWeb4の理想とすることもふまえたかたちでWeb5が形成されるのではないだろうか（図表4-4参照）。自律的な判断が可能な人工知能をベースにした意思決定システムとそのシステムを前提にしたロボットがリアル社会に関与し、人との共存を果たしていくイメージである。

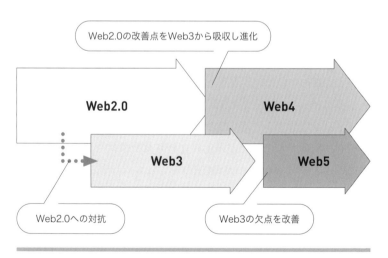

図表4-4　Web4、Web5の関係

出所：筆者作成

後半はかなり妄想も含めた蛇足となったが、いずれにしても Web2.0とWeb3が共存していく社会が当面続いていくと考えており、適切な緊張関係が今後の方向性に大きな影響を与えるだろう。

Web3が仮想空間で果たす役割

　これまでWeb2.0とWeb3の関係を整理したが、あわせてWeb3と仮想空間という点に着目して整理しておこう。ここでの仮想空間というのは実装の形態としてWeb2.0的なものなのかWeb3的なものなのかはさておき、仮想上に複数の利用者が関与できる場というものをまとめて指している。

　仮想空間としてすでに成立しているサービスは、いわゆるSNS（ソーシャルネットワークサービス）がベースになる。ただ一言でSNSといってもSNSサービスの成立したころから考えるとテキストベースの発信から画像、動画に移ってきており、その延長にメタバースというものを位置づけられるだろう。また、こういったSNSとは別に、たとえばAmazonや楽天のようなBtoCのサービスや、メルカリ、ジモティのようなCtoCのサービスが立ち上がっており、仮想空間上でのコミュニケーションが行われている。こういったコミュニケーションのなかでは企業や自然人がさまざまな情報なりをやりとりしており、その流れのなかに決済のニーズも連動してくる。こういったSNSサービスおよび種々のBtoC/CtoCサービスは、文字なり画像なり動画なりを駆使しながらサービス提供をしており、このなかのサービスの一部として決済のニーズがあり、さらにその一部が暗号資産等のサービスとの連携をしている。ここにまずはWeb3と仮想空間との接点が発生する。利用者の決済手段の選択肢を広げるという位置づけにおいて、少しずつWeb3の存在感が増してきているといえよう。

その先にはメタバースが控えている。先述のとおり、メタバースはWeb3と同じタイミングでキーワードとして盛り上がっていることから、どうしても一体として論ぜられがちである。また、実際に重複する領域もあることから、仮想空間の今後の展開の１つの可能性としてメタバースを前提にWeb3の関係を整理しておくことも有用であろう。メタバース側からみると、暗号資産等がメタバース上での決済サービスとして利用できる、というのはすでにご紹介したとおりである。メタバースのプラットフォームが複数存在する場合に、そのプラットフォームごとに決済手段が異なるとなると、利用者としては利便性が損なわれる。またプラットフォーム事業者に対して事前にお金を預けるような方式であった場合には、プラットフォーム事業者が倒産した場合のリスクを利用者が負うことになる。こういった点を考慮すると、メタバース空間で暗号資産が使えるということは利用者にとっては便利でありがたい。もちろんメタバース空間でモノを売っている事業者からすると、暗号資産で受け取ることは価格変動のリスクや、法定通貨に換金する際の課税の問題もあり、全員にとって望ましいかというと置かれている立場によってメリットデメリットがそれぞれ存在するだろう。いずれにしてもメタバースとWeb3との接点として最初に決済をあげることができる。

　では、重複する領域は決済だけなのかというと、実は少し別の視点もある。厳密にはWeb3との接点というよりは、メタバースもWeb3的な視点を持ち合わせている、という指摘になるのであるが、仮想空間上でのWeb3の果たす役割という点では重要なので、詳細を説明したい。ご存じのように、メタバースはアバター（自分の分身）を操作して他のユーザーと交流するなど、別世界でのコミュニケーションが行えるインターネット上の三次元仮想空間である。ア

バターの特徴をあらためて整理すると、アバターとしての裏側の操作にだれがかかわっているのかは、アバター側からみているユーザーからは確認することができない。また、メタバース上での話であるため、アバターを動かす人からすれば仮想空間での体験のため物理的な場所の制約は存在しない。このあたりの特徴をふまえると、たとえば以下のような可能性が見出せる。具体的にいえば、高齢者や身体にハンディキャップを負っているような方々が物理的な制約に縛られることなく活躍することができる。また、場合によるとは思うが、自身の素性を明らかにしたくないのであれば、その状態を維持したままコミュニケーションをとることも可能である。現実社会において社会的な欲求を満たすことに対してハードルがある場合であっても、メタバース上ではまるで本当にいるかのような感覚を人と共有することが可能になる。このような世界観はWeb3が想定している自律分散というテーマの「自律」ということについては非常に相性がよい。このように、個々人のエンパワーメントができるという点において、仮想空間上、特にこれからのメタバースの可能性とWeb3は同じ方向を向いていると確信する。

SECTION 2 リアルワールドとの結節点 ──カギを握る自律分散型社会

▌リアル社会にも構造変化が

前SECTIONでは主にWeb上での構造変化について議論をした。ただWeb3が突き付けていることはWebの世界では完結しない。このSECTIONでは、リアル社会への影響について議論する。

あらためて復習となるがWeb3が主張していることは、ガバナンスの透明化であり、プラットフォーマーの情報所有の否定である。こういった主張を実装すると、DAOのような思いを同じくする仲間とフラットな組織を形成し目的を達成していくということにつながっていく。こういった「同一の思い」をもち「思いをもった人全員」が同じ目標に向かって進んでいくという考え方そのものは、リアル社会における課題解決においても十分応用が可能であり、Web3がこういった思想を広く世の中に広めることで、こういったアプローチをリアル社会に持ち込む人の数も増加することが想定される。また、Webの世界とリアルの社会を分けて考えるというよりは、メタバースのようにある意味で人々の生活の場がリアルとメタバースを行ったり来たりするようになると、Web3的な考えがリアル社会にも反映されることになるだろう。

　こういったWeb3的な考え方をリアル社会ではどこで活かすべきだろうか。少し遠回りになるが、日本の社会課題について整理をしたうえで、自律分散というものとの相性を議論しようと思う。

　まず日本の社会課題である。現在の日本には、羅列的にあげていけばきりがないほど、多くの課題が存在する。少子高齢化、中小企業の低生産性、地球温暖化などどれも重要だが一朝一夕に解決することがむずかしい問題が並んでいる。一つひとつ取り上げるだけでも1冊の本が書けるテーマであり、有識者がさまざまな議論を行っているが、いずれの課題にも共通しているのは、総論として解決しなくてはいけないと合意できるものの、具体的な打ち手を行う場合に、ステークホルダーの合意が得にくく、総論賛成各論反対となりがちなことである。こういった課題の解決に対しては、Web3的な発想、特にDAOが貢献できる可能性があるのではないかと考えている。

そこで、以降は地域創生を題材に議論をしてみたい。地域創生は平たくいえば、人口が減少していくなかで各地域の経済をいかに活性化できるかということである。言い方を変えると、それぞれの地域が独立して経済を回していけるかということへの解決策を探す営みといえよう。そういう意味では、地域がだれの助けも借りずに自律的に振る舞っていくためには、地域に根付くまたは関与したいステークホルダーの思いを結集し、地域の活性化に向けて各々が貢献していく必要がある。このかかわり方の構造はDAOと非常に近似しており、Web上とは別にはなるが考え方は援用できる。地域創生が成功するためのポイントを断定的に語ることは非常にむずかしく、いまから記載することではないかたちで成功している自治体もあるとは認識しているが、住民を含めてステークホルダーが同じ方向を向き、全員がなんらかのかたちで貢献することをコミットすることは、成功するための1つの大事な要素ではないかと思う。こうした点ではDAOの考え方をリアルもしくはWebとリアルの掛け合わせで応用していくことは可能であり、Web3がリアルへも影響を与えるという事例が今後出てくるのではないかと思われる。

　あらためて組織論としてDAOを評価するなら、ヒエラルキー構造をもった機構の欠点を改善するものと理解できる。歴史をさかのぼれば、日本の歴史上、無尽や頼母子などがあり、近代化以降も協同組合に代表される比較的フラットな社会構造をもって、地域に根差したかたちで現場の課題解決を行ってきた。地方自治体や企業はヒエラルキー構造の最たるものであるが、こういった法人と地域の個人が同じ方向を向いて地域創生にかかわっていくことはDAOの枠組みの応用としても実装可能と思われる。たとえば山古志DAOという事例からも、DAOのようなインセンティブ設計をうまく行うことで地域の活性化につながるのではないかと想像する。

山古志DAOは、Web3のアプローチにより地域活性化を実現した代表例といえる。新潟県長岡市の限界集落「旧山古志村」は、2004年の中越地震で甚大な被害を受けた。住民も中心になってさまざまな復興活動を進める一方、人口減少・高齢化は改善されず、状況が好転しないなかで実施したのが2021年12月に開始した「仮想山古志プロジェクト」である。当該村は錦鯉の産地であるため、錦鯉を描いたデジタルアートをNFTとして発行したが、特筆すべき点は、転売が主目的ではなく、デジタル村民になるための会員証としての役割をもつ点である。

　このデジタル村民を住民の一員とみなし、彼らのアイデアや資金を使ってリアルな山古志地域の課題解決につなげるというのが当該プロジェクトの主なコンセプトである。クラウドファンディングのような資金調達とは異なり、デジタル村民には、一定の予算や権限を与えることで継続的にかかわってもらう仕組みとしている。

　こうして拡大していったデジタル村民のなかには外国人も少なくなく、デジタル村民の総数は、半年程度で900人を超え、実際に住む人口を突破したとのこと。地域における課題解決に向け、日々主体的にアイデアを話し合い、試行錯誤していくというのは、新たな組織運営や地域自治のあり方の1つではないかと考える。

　Web3においては、前述のとおりDAOによって組織のあり方が変化する可能性がある。組織のあり方が変化すると、企業における人材のあり方、人々の働き方、さらに教育まで変化する可能性があるだろう。

　ここで、少し地域創生からは離れて人材や働き方、教育について論じてみたい。

▌組織・人材のあり方の変化

CHAPTER 2 SECTION 3で述べたとおり、Web3においては
DAOが、既存の組織のあり方を大きく変える可能性がある。リー
ダーや管理者とその他の人といった階層がなく、資金の活用や管理
に関する意思決定が全員参加型でフラットに行われる。だれでもプ
ロジェクトを設立でき、資金調達も世界中から行え、銀行から調達
するより容易であるというメリットがある。また、各メンバーに権
限や責任が与えられているため、それぞれが企業経営への参加意識
を強くもつことができると同時に、仕事に対してのモチベーション
向上および従業員エンゲージメントの向上などが期待できるとされ
ている。その一方で、従来型の企業と比較し、より高い自己管理能
力が求められる点も特徴であり、個々人の能力や性質によって、従
来型の組織形態かDAOの組織形態のいずれと相性がよいかは分か
れるかもしれない。

いずれにしても、モチベーションが高く能力も高い人材がDAO
という選択をするようになると、既存企業における人材の確保や育
成といった点は、よりいっそう深刻な課題となっていくだろう。透
明性の高い組織形態を求める社員が流出していかないためには、組
織改革や働きやすい職場づくりを強化することも必要かもしれな
い。これからは既存の組織にも、時流に沿った柔軟性の高さや変化
が求められていくだろう。

また、Web3の文脈から少々逸れるが、自律的に働くという例に
おいて、若者の起業が増加している点に着目したい。一昔前の傾向
としては、かつては10〜20代の若者が起業しようものなら、「出る
杭は打たれる」がごとく、ベテラン経営者などからは奇異の目を向
けられ、経営に対する妨害行為を受けるなどというケースもみられ

たようだが、現在ではビジネス界全体で若者の起業を歓迎するムードが高まりつつあり、投資家や国や自治体が熱心にサポートする体制まで整ってきている。そうした背景のもとで、新卒入社した会社を早期に退職して起業を目指す若者や、企業や団体に所属することなく、学生時代からまたは卒業後すぐに起業する若者も以前に比べると多く現れるようになった。以前よりも起業のハードルが下がった点や、やりたい仕事を自由に選択できる点、ワークライフバランスの確立を求める点などから、若者の選択肢が広がっているといえるだろう。このような変化によって、スタートアップの中小企業が増加していき、金融機関の顧客層にも変化が訪れる可能性があることは意識しておきたい。

■ 働き方の変化

Web3における仕事のあり方はどのように変化していくだろうか。DAOによる組織のあり方の変化に伴って、働き方も変わってくるだろう。

現在多種多様なDAOがあり、分散化の度合いも一様ではない。メディア組織、ベンチャーファンド、助成プログラム、ソーシャルネットワーク、ビデオゲーム、金融系およびテック系プラットフォーム、慈善活動など、あらゆる領域にDAOが存在する。DAOにおいて、人々はどのように働くこととなるのだろうか。

DAOのなかでは、それぞれ固有のスキルをもった人たちが自然発生的にチームを組んで、目的を達成するために協業する。メンバー間に上下関係はいっさいなく、ほかの人に「お願い」をすることはあっても「指示」することはない。人事評価も存在しない構造となる。つまり、メンバー全員が自分の得意技を発揮して、自分の仕事をまっとうするために自ら動くのだ。中央集権的でなく、指示

命令系統がなくても、皆で共通の目的を達成するということである。近い将来、同じ目的意識をもった人同士が自然と集まり、得意なスキルを活かして自由に仕事をして目的を達成するという働き方が主流になるかもしれない。

このようなWeb3時代においては、人々が個々の専門性・スキルをもつことは非常に重要であろう。続いて、教育の変化についてみていきたい。

▌教育の変化

Web3時代においてはデジタル化が加速するという点や、個々人に高い金融・ITリテラシーや専門性を求められる点などを鑑みて、教育における2点の変化が予想できる。

1点目は学習方法の変化である。デジタル化の波が今後も続くことは必須であり、教育シーンにおける仮想空間の活用が増加していくだろう。実際にスタンフォード大学が授業でVRを取り入れた例があるが、これからはより多くの学校がVRを授業に導入し、学生が新しい方法で創造と学習を行えるようになるであろう。バーチャル体験での学習の大きな特徴は、「思考や失敗から学ぶ環境をつくりやすい」という点である。バーチャル空間での学習体験では、失敗に臆することなくどんどん間違えていくことができる。そうした前提で、生徒たちに間違えさせて、そのつど新しい気づきを得られるような設計に、学習体験そのものをつくっていくことが可能である。

たとえば、実際の世界でミスをすれば致命的な結果を引き起こすような実験でも、バーチャルの世界ではやり直しがいくらでも可能である。このような失敗体験から学びを得るということは、実験などのほかにもトレーニングや語学学習といった、幅広い場面におい

て活用できるのではないだろうか。そのほかにも、バーチャル空間において生物の観察や解剖などを行うことができれば、現実世界の生物を傷つけたり命を奪うことなく、さらに現実世界でみる以上の精度で観察を行うことができるかもしれない。このように、バーチャル空間を活用した学習方法や学習コンテンツは、多大な可能性を秘めているのではないだろうか。

　また、仮想世界における学校であれば地理的な制約もないため、国内外の学校を自由に選択できるようになるかもしれない。学生は、興味関心の高い分野を専門的に取り組み、早い段階からスキルを伸ばしていくことが可能になるかもしれない。また、若者の起業が増加している点に関連して、起業をサポートする教育コンテンツも充実していくのではないかと予想される。そういった意味では、いまだ専門性や興味関心事が見つからない人に向けては幅広く学習を行えるといったような、個々の成長を後押しするような教育コンテンツをそろえている学校が選ばれていく可能性もある。学校は人々から選ばれるために次世代の教育コンテンツをしっかりと検討していくことも重要であろう。

　続いて教材に焦点を当てて考えてみよう。現在VR技術等を駆使した教材やデジタル教材は、さまざまな企業で開発を進められている段階である。そのなかで、各出版社やコンテンツメーカーはデジタルコンテンツの不正利用を避けるための工夫に駆られている。このような背景下において、デジタルコンテンツをNFT化する取組みも進められている。NFT化することで、そのデジタルコンテンツの所有権が明確化できるため、複製されたり転用されたりといったリスクを軽減することが期待できるだろう。

　2点目の変化は、金融・ITリテラシーに係る教育の強化があげられる。先述のとおり、Web3においてはすべての活動が自己責任

となる。従来は金融取引などにおいて何か不明点がある場合やトラブルが発生した場合は、金融機関へ問い合わせることで解決を図ることができた。しかし、中央管理者不在であるWeb3においては、すべて自分で調べて操作して解決しなければならない。その一方で、DeFiなどのWeb3を代表する仕組みや技術は複雑であり、参加するためにはある程度のリテラシーが必要となる。また、各個人が自身の情報と資産をインターネット上で管理することになるため、個人情報・データ管理に関する技術的な理解が不十分なままに利用すると情報や資産を盗まれたり、犯罪に巻き込まれたりするリスクもある。そういった意味で、金融取引やデータ管理、コミュニティへの参加を行うにあたって必要な知識を学ぶ機会を増やしていくことが重要である。Web3の進展による利益を多くの人々が享受するために手助けをする企業や行政当局の存在が重要であり、こうしたプレーヤーがITリテラシーの向上に資する教育を担っていく必要があるだろう。

▌透明性、匿名性とリアル社会への影響

さて、ここまでは社会課題の解決策の1つのアプローチにWeb3的な思想を援用することでWeb3がリアル社会に与える影響を論じた。ここから少し視点を変えて、Web3のなかでも透明性および匿名性にフォーカスを当ててリアル社会への影響を論じたい。

まずは透明性から話を始める。透明性に関しては前SECTIONでWeb2.0企業についての議論をした。Web3においてはブロックチェーン技術を活用することであらゆる履歴等がオープンになり、たとえばDAOであれば、意思決定をはじめとする組織運営が可視化されることで透明性の確保につながる。Webに依存しない企業、組織であってもガバナンスの透明性への要求は厳しくなると想定さ

れる。もちろん企業に関するレギュレーションはSDGsやESGの話からも透明性を求められており、そのような社会的な流れともWeb3は同じ方向を向いている。雇用される側もWeb3のプロジェクトのほうが魅力的であればそちらに流れていくことになり、極論すると、事業の継続性にも影響してくることになる。したがって従来型のビジネスを継続する場合でも、透明性についての対応は必須となると考えられる。

次に匿名性の話をする。Web3はプラットフォーマーへのアンチテーゼとしての意義が語られることが多いし、本書でも基本的にはそのスタンスを継承している。しかし匿名性という点で議論するのであれば、透明化していく社会のなかで特に政府組織からの匿名性の確保という点でWeb3が期待されていることも事実である。後SECTIONで詳細に議論するが、たとえばキャッシュレス化の進展により現金の利用率が下がることで、裏を返せば利用者がどこで何にいくら使っているといった決済データがデジタルデータとして把握可能となってくる。このデータを悪用される可能性を視野に入れると、暗号資産などの利用を考える人が一定数存在する理由も納得できよう。法に触れることは論外であるが、匿名性の確保というのは事業者や自治体としての信頼性につながるところでも、Web3が情報の取扱いの信頼性を一定程度与えているともいえよう。

また上述の観点とは別に、メタバースに代表される3Dデジタル空間の発展により、人々のコミュニケーションの主軸がリアルよりもデジタルによりいっそう移っていくとなると、直接的にWeb3に触れなくても結果的にWeb3の考え方やサービスに触れることとなり、そこにかかわった人のリアルがなくなるわけではないことを鑑みると、メタバースはWeb3のリアルへの影響拡大の触媒として機能する可能性がある。

SECTION **3** | 銀行はWeb3とどう向き合っていく のか

▌歴史は繰り返す

　前SECTIONまでで一般的な意味でのWeb3の影響について議論してきた。ここから銀行に関してのインパクトについて考察したい。

　まず銀行とWeb3との相性についての良い部分、悪い部分について整理をする。まずは相性の悪い部分について考えてみよう。

　Web3はWeb2.0のアンチテーゼとして生まれてきたというのは先述したとおりである。Web3はガバナンスの透明化であり、プラットフォーマーの情報所有の否定であるが、これは既存の銀行にとってのアンチテーゼでもある。多くの銀行は上場企業としての必要な態勢だけではなく規制業種であることにも起因してWeb2.0的な組織構成に近く、Web3的な考え方とは相性が悪いといえるだろう。より具体的にいえば、融資先から、融資判断の根拠が不明確なので情報を開示してくれ、透明性が不足している、優越的地位の濫用ではないかといわれたところで、金融機関側としてはそういったものを開示できるわけではなく、事業構造としてはWeb2.0的であるといえる。

　一方で相性の良い部分もある。それは銀行の成立ちにもかかわる部分である。銀行の歴史を語る際には、明治時代以前から存在した無尽、頼母子というものがキーワードとしてよく出てくる。あらためて教科書的に無尽、頼母子について記述すると以下のとおりである。

	頼母子講（無尽）	DAO
概　要	相互扶助の目的で、かかわっている人が一定のお金を出し合い、一定のルールのもとにお金を融通する地域組織	特定の所有者や管理者が存在せずとも、同じ目的をもった人々が協力し合って管理・運営される組織
参加条件	地域の住民など	だれでも参加可能
意思決定	参加者による話し合い	ガバナンストークンの保有者による投票
特　徴	信頼関係が大前提のため、仲間割れや持ち逃げのリスクも	人間の介入がないため、仲間割れや持ち逃げといった懸念が少ない

図表4－5　頼母子講とDAOの違い

出所：筆者作成

・無尽とは講の一種で、庶民の間の相互金融の仕組みのことである。鎌倉時代には無利子の頼母子という互助法があったが、室町時代には土倉が担保をとり、利子をとったものを無尽といった。江戸時代に最も盛んとなり、寺社の修復にも利用された。一定の掛け金を出し、入札のうえで講中の者が抽籤により落札する。落札者は以後は掛け金のみを出し、全員が落札すれば解散する。大正時代に無尽会社となり、多くは1951年の相互銀行法によって相互銀行に移行し、現在は第二地方銀行に分類される[3]。

・頼母子とは、鎌倉時代以降の庶民の共済的な金融組織である。親（発起人）と講中（仲間）が定期的に一定の金・米を出し合い、入札・くじなどで順次掛け金・掛け米を借りる方法。江戸時代に盛行、京坂では頼母子、江戸では無尽といった[4]。

すべての銀行ではないもののもとをたどれば無尽、頼母子にたど

3　『日本史事典』（旺文社、2000年）

4　前掲注3

り着く銀行も多数あり、日本の金融史を語るうえでは重要なポジションを占めている。その無尽、頼母子をあらためて眺めてみるとこれが非常にDAOに近い構造をしていることに気づく（図表4 - 5）。無尽、頼母子は相互扶助の目的で、かかわっている人が一定のお金を出し合い、一定のルールのもとにお金を融通する組織形態であった。無尽、頼母子には株式会社のように利益を株主のために還元するという発想はなく、あくまでもかかわっている人は同じ立ち位置であり、意思決定に等しく関与する。株式会社の場合は所有と経営の分離が行われており、所有者（株主）と経営者や従業員は別の人格として存在しており、そこには一定程度の対立関係が存在するが、無尽、頼母子の場合にはあくまでも相互扶助という大きな目的に参加者全員が賛同し、その方向性をもとに参加者が自らお金を出し、運営に関与している。こういったところを並べてみるとまさにDAOの考え方と非常に近いといえる。

　もちろんDAOとは異なる点もある。DAOはソフトウェアのコードでできており、ソフトウェアとデータで表現できる範囲という限定はあるものの、いったん合意した事項がコードというかたちで表現された場合は、確実にそのコードに従って実行することは可能である。一方で、無尽、頼母子はお金の管理をしている人が悪意をもって持ち逃げなどするとそもそも組織として成立しないという脆弱性を抱えている。したがってDAOはトラストを前提とせずともテクノロジーを使うことで実効性を担保できるが、無尽、頼母子は関与者同士の信頼関係（トラスト）に依存している。

　とはいえ、ここで指摘したことは現在実在している金融機関にはDNAとしてDAO的な発想が埋め込まれているとはいえる。とするならば、ある意味Web3が世の中のメインストリームになるのであれば、あらためて歴史を振り返ることがWeb3との相性をより深く

理解するポイントになる。この流れはSGDs等の世の中の流れとも合致しており、もう少し踏み込んでいうなら、銀行のパーパスについてどう回答するのかというのと同義である。

　銀行のパーパスという大きなテーマになってしまったが、このパーパスについて適切にステークホルダーに説明でき、ステークホルダーが腹落ちするのであれば、Web3がどうこうということに流されることなく事業継続可能であろう。一方でパーパスを語れないとなるとそもそも銀行自体が時代の変化に適合できていないということであり、今後厳しい状況に追い込まれるであろう。歴史はいろいろな意味で繰り返しており、DAOもまたその流れの新たな装いをもっている要素もありながら、繰り返している要素を内包している。いずれにせよ銀行の生い立ちにはWeb3的な要素も含まれていたわけであり、拙速に現在の組織形態からWeb3を単なる相性が悪いとものとして敵視する立場はとるべきではない。

▌Web3とのかかわり方

　ここまで理念的な話として相性の良さ、悪さについて整理をしてきた。ここからはもう少し短期的な意味でのWeb3とのかかわり方についてコメントしたい。Web3を理解すればするほど、既存の金融ビジネスからみるとディスラプター（破壊的企業）要素が強いのがわかる。暗号資産の取引は全世界でかなりのボリュームで行われているが、ここでの伝統的な金融機関の存在感は薄い。一部の証券会社等が資金調達手段の一手法としてSTOにチャレンジしたり、あるいは暗号資産のカストディに参入したりといろいろな知恵を絞りながら新しい取組みを行っているが、大きな勝ち筋を見出せてはいない。もちろんトレーディングの一環として暗号資産やDeFiなどで取扱い収益を積み上げるようなことはオルタナティブ投資の派

生として十分な可能性もあるし、そういった点でのこれまでのリスク管理手法を応用していくという点では一日の長がある。しかし、Web3に関する金融商品的なものはいずれも仲介機関を置かず、また、本人確認などの手続を行わずに処理されており、現状の金融機関に課せられているレギュレーションの仕組みを是とする限りにおいては、コスト的に到底太刀打ちできない。そのため、短期的にはビジネス的な機会は探し続けるにせよ、既存金融機関のメインストリームのビジネスになる可能性はかなり低いといわざるをえない。もちろん、Web3のマーケットがいつ拡大するかもしれないなかでは、その動向は徹底的にリサーチしておく必要があるし、経験値を積むためにも一定程度のかかわりをもつことは大事になるだろう。また、既存の金融機関としてこれまで築いてきた金融の仕組み、たとえばAML等の世界的な協調の枠組みなどにWeb3の取組みをある程度フィットさせていくように働きかける動きも必要になるだろう。

　次にもう少し中長期的な視点では、トラストアンカー（本人認証に係る第三者機関による保証）としての振る舞いがポイントになると考える。現時点で銀行の信用、信頼のステータスが非常に高いというのは間違いないだろう。民間事業者のなかでは別格といってよいと思う。もちろん個人取引でいえば不要な金融商品を販売されるのではないかという懸念や、法人取引おいての利益相反事例など銀行のビジネスすべてが信頼されるとまではいえないが、顧客の大事なお金を預金として預かり安全に保管しているというところは他の業態ではなかなかなしえることではなく、信頼の源泉でもある。この信頼をベースにWeb3やメタバースを含む新たな仮想空間と現実社会を円滑につないでいく役割が担えるのではないかと思っている。実際に暗号資産についてのカストディ業務を伝統的な金融機関が行

う事例なども出始めており、新しい仮想空間に踏み出そうとする際のつなぎの部分、特に金銭的な価値がなんらか絡む部分についてはこれまでの信頼をもとにトラストアンカーとしての役割を果たすことは十分可能であろう。たとえば資金決済領域に関していえば次のようなことがいえるだろう。Web3が登場する以前からプラットフォーマーのペイメント事業への進出やいわゆる資金決済事業者の参入など、これまで銀行が担ってきた決済領域を他のプレーヤーが代替する動きが行われてきたが、Web3はそのさらに先の動きとして位置づけることができる。これは規制当局の目が届かないお金の流れが拡大することを意味しており、消費者の保護やこれまで積み上げてきた規制、たとえばアンチマネーローンダリングに関する国際的な枠組みとは相反する動きである。最後に、法定通貨で受け取りたいという人がマジョリティである限りはWeb3の世界が拡大するなかでの結節点としてトラストアンカーが果たす役割は大きい。決済領域について具体的な説明を行ったが、決済領域に限らずこれ

図表 4 − 6　トラストアンカー（決済領域）

出所：筆者作成

までの銀行が担ってきた金融機能すべてにおいてトラストアンカーとしての振る舞いが必要であり、期待も大きいと考えている。

銀行はどう向き合うのか

これまでの議論のとおりの伝統的な銀行はWeb3とは相性があまりよくない。長い目線でみればWeb3に限らないが仮想空間（デジタルの世界）の存在感がいままで以上に大きくなるのは間違いなく、現実社会にベースを置くビジネスは徐々に減っていくことになるだろう。また先にも議論したとおりWeb3が志向する自律分散的なアプローチも決してなくなることはないだろう。とすると先ほどあげたトラストアンカーという立ち位置だけで銀行は生き残っていけるのだろうかという疑問が湧く。30年近く前にかのビル・ゲイツは「銀行機能は必要だが、銀行自体は必要なくなる」という趣旨の発言をしている。Web3を契機に、あらためて銀行のパーパスというものに立ち返り、Web3が扉を開けた新しい世界にどうフィットするのか、そして自身をどう変革するのかということにあらためて目を向ける必要がある。またCHAPTER 1でも少し述べたが、お金そのもののあり方も変化してきており、そういった環境変化も含めて自らの立ち位置を整理していかなければ、必要ない銀行に分類されてしまうだろう。はじめの一歩として、①「社会から集めたお金を、社会が求める領域へ融通する」バンキングの根幹に立ち返る、②徹底的なテクノロジー集団になる、と先に述べたが、これはWeb3と向き合う際も同様である。Web3はあくまでさまざまなテクノロジーの１つであり、その目利きをしながら、自らのwill（想い）を体現し、リアル⇔デジタル時代の信頼を構築していく姿勢が求められることは変わらない。そういった意味でWeb3は１つのよいきっかけでもあり、また、銀行からすれば自分を映す鏡のような

ものでもある。Web3というのも社会がデジタル化していくなかでの1つの切り口に過ぎない。Society5.0（CHAPTER 1 SECTION 3参照）のような話も含めてデータ駆動型社会が起こす未来の1つのバリエーションがWeb3だ。Web3の動向に注視は必要だが、Web3単独の動向にこだわるというよりは、デジタルデータを前提とした社会のなかでそのデジタルデータを起点にバンキングをどう磨くのかが問われている。銀行員一人ひとりが、これまでの銀行員の型にはまらずテクノロジーと向き合い、未来のバンキングを変革することが期待されている。

あとがき

　本書は、Web3というキーワードを元に金融、特に銀行を意識して影響や向き合い方を論じたものです。Web3に限った話ではありませんが、新しいキーワードが世の中に出るたびにその解説本が書店には並びます。多くの場合、新しいキーワードを礼賛し、その流れに取り残されてしまうと大変なことが起きてしまう、というトーンで書かれているものが多いのではないでしょうか。実際に新しいキーワードを眺めていると、出だしの段階では、熱狂的に盛り上がりビジネス的には何かしなくてはいけないという動きが活発になりますが、少し経つとその動きは収まり、多くは忘れられていきます。ただし本質的に意味があったものについては、むしろ5年とか10年の長いスパンで普及しており、盛り上がった時にもっと投資をしておけばよかった、というようなことも結果としては起きています。Web3もこういったキーワードの例にもれず、さまざまな書籍が書店に並んでいます。そのなかで筆者たちが意識をしたのは、銀行と絡めるという点であまり類書が存在しないという点と、できるだけWeb3の単純な礼賛ではなく冷静な議論をお届けしたいという2点になります。

　この本に記載した内容、特に未来予想にかかる部分については、本当にどうなるのかについては現時点では何ともいえませんので、最終的には数年後の読者の皆様の審判を待つしかないのですが、さまざまな方との議論を通じて現時点では妥当な議論であると自負しております。

　この本を書くにあたり、お名前を掲載させていただいた協力者の方以外にもいろいろな側面で大変お世話になりました。なかでも、金融財政事情研究会出版部の西田侑加氏は、本書の構成・執筆にお

いて、書籍執筆に不慣れな私たちに的確なアドバイスをくださいました。すべての方のお名前をあげることができないのは大変心苦しいのですが、この場を借りて御礼申し上げたいと思います。

　なお、本書の意見に関わる箇所については筆者たちの所属組織を代表するものではなく個人の意見であるということを申し添えます。

執筆者を代表して　山本　英生

【執筆者紹介】

●編著者（執筆当時）

山本　英生

NTTデータ　金融イノベーション本部ビジネスデザイン室イノベーションリーダーシップ統括部長

1996年NTTデータ通信（現NTTデータ）入社。システム開発を経験した後、金融領域のITグランドデザイン策定や、量子コンピュータ、AI、RPA、データマネジメント、グリーンなどの先進技術領域のコンサルティングや情報発信に従事。ITを最大限活用して成長を続けるビジネスの現状を考察し、その向かう先をトレンドで示す羅針盤「金融版 NTT DATA Technology Foresight」と、オウンドメディア「Octo Knot（オクトノット）」の責任者。データ活用による金融サービスの高度化を指す「センシングファイナンス™」を提唱し、日本経済新聞社と金融庁が共催する「FIN/SUM」をはじめ、セミナー・講演の実績多数。「週刊金融財政事情」などの雑誌の寄稿も実施。

土田　真子

NTTデータ　金融イノベーション本部ビジネスデザイン室・課長

大規模金融システム開発、金融系コンサルタントを経て、「テクノロジーは金融ビジネスを大きく変革させる」というビジョンのもと、2016年に「金融版 NTT DATA Technology Foresight」を立ち上げ。現在は当該ブランドのマネージャーとして金融業界を中心に年間150件超のセミナー・寄稿を実施する傍ら、「週刊金融財政事情」をはじめ、金融に関連するテクノロジートレンドに係る寄稿も多数手掛ける。社内外のプロフェッショナルを有機的につなぎ、新たな価値やビジネス機会を創出するデジタルキュレーションのスペシャリストとしても、第一線で活躍中。

相川　あずさ

NTTデータ　金融イノベーション本部ビジネスデザイン室・課長代理

入社以降、専門領域としてDB（Oracle、PostgreSQL、データモデリング）に関する知見を磨き、金融業界を中心とした数々の基幹系／情報系システムの開発にデータベースエンジニアとして従事。その後、最新テクノロジーのリサーチ・分析業務にも活動の幅を広げ、金融機関の役職員向けのRPA導入に係る教材執筆や、雑誌への寄稿なども手掛ける。現在はWeb3やメタバースを含むテクノロジートレンドに係るソートリーダーとして金融領域の未来像を描きながら、各種戦略策定や社内外への情報発信にも取り組む。

●執筆者（執筆当時）

峯村　圭介　NTTデータ　金融イノベーション本部ビジネスデザイン室・部長

窪田　力丸　NTTデータ　金融イノベーション本部ビジネスデザイン室・課長代理

高橋　玲於　NTTデータ　金融イノベーション本部ビジネスデザイン室・主任

木戸　園子　NTTデータ　金融イノベーション本部ビジネスデザイン室・主任

山抱　加奈

●情報提供等協力者

日本電信電話株式会社　サービスイノベーション総合研究所　企画部

NTT社会情報研究所　Well-being研究プロジェクト

NTTデータ　平澤　素子

NTTデータ　神戸　雅一

NTTデータ　IOWN推進室

Web3と自律分散型社会が描く銀行の未来

2023年7月6日　第1刷発行

編著者　山　本　英　生
　　　　土　田　真　子
　　　　相　川　あずさ
発行者　加　藤　一　浩

〒160-8519　東京都新宿区南元町19
発　行　所　一般社団法人 金融財政事情研究会
出　版　部　TEL 03(3355)2251　FAX 03(3357)7416
販売受付　TEL 03(3358)2891　FAX 03(3358)0037
URL https://www.kinzai.jp/

DTP・校正:株式会社友人社／印刷:株式会社日本制作センター

ISBN978-4-322-14345-4